Скорпион Гороскоп 2024

Анжелина А. Руби
Алина А. Руби

Издается самостоятельно

Все права защищены © 2024.

Астролог: Алина А. Руби

Редактирование: Алина. Руби и Анжелина А. Руби

rubiediciones29@gmail.com

Кто такой Скорпион?

Даты проведения: 24 октября — 22 ноября

День: Вторник

Цвет: черный, синий, красный

Элемент: Вода

Совместимость: Телец, Рыбы

Символ: ♏

Режим: Фиксированный

Полярность: Женское начало

Правящая планета: Плутон и Марс

Дом: 8 Смерть и секс

Металл: железо

Кварц: Изумруд, оникс, турмалин

Созвездие: Скорпион

Личность Скорпиона

Скорпион - интенсивный знак, обладающий уникальной для всего Зодиака эмоциональной энергией. Хотя внешне Скорпионы кажутся спокойными, в них скрыт огромный внутренний магнетизм.

Они сильны, и их характер может принести как пользу, так и риск другим людям. Их упорство и сила воли уникальны, но, тем не менее, они чрезмерно чувствительны и легко поддаются влиянию окружающих обстоятельств.

Скорпион обладает загадочной личностью. Он никогда не раскрывает своих чувств. Полный блеска и харизмы, он легко завоевывает всеобщее внимание. Он очарователен и искренен, а свое присутствие скрывает с осторожностью.

Он не врывается в помещение в надежде привлечь к себе внимание, а предпочитает убеждать, соблазнять, уговаривать, используя свой магнетизм.

Эта личная сила наделяет их необыкновенной способностью к манипулированию. Они эмоциональны и легко ранимы, более того, они могут полностью потерять терпение, когда им кажется, даже ошибочно, что кто-то их оскорбил. Они не умеют маскироваться и могут быть излишне критичны.

Скорпиона невозможно остановить, если он решил что-то сделать. Его сила становится почти навязчивой. Ничто и никто не может его остановить. Эта черта наделяет его большой способностью к материализации, когда он твердо намерен чего-то добиться.

Они редко демонстрируют свои настоящие чувства; скорее, это не техника избегания, а предпочтительный способ избежать того, чтобы их чувства были задеты. Это делает их постоянной жертвой стресса. Однако это не ограничивает их в нападении.

Они могут ранить своими словами даже больше, чем своими действиями. В основном потому, что они всегда думают неправильно.

Они заботятся о благополучии своей семьи. Они не прочь взвалить на себя всю тяжесть семьи и обеспечить ее защиту.

Скорпион обладает исключительной интуицией и способен видеть гораздо дальше, чем другие знаки. Он прекрасно оценивает характер и способен к огромному сопереживанию.

Благодаря этой способности они легко завоевывают всеобщее доверие. Они глубоко приветливы, искренни и щедры в своем внимании к нуждам других. Чтобы не держать зла, они должны понять, чем именно был мотивирован поступок другого человека. Только так можно забыть и простить.

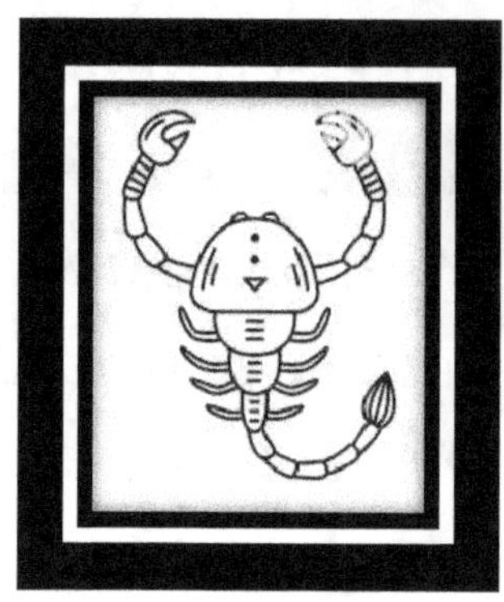

Общий гороскоп Скорпиона

Это будет захватывающий и напряженный год, поэтому встретьте его с бодрым настроем. Будьте готовы к серьезным потрясениям. Важно сохранять непредвзятость, так как будут открываться новые возможности, но также и неожиданные трудности. Если вы сохраните гибкость, то сможете извлечь максимум пользы из этих обстоятельств и превратить их в позитивные достижения.

Хотя в течение года на пути Скорпиона могут возникнуть препятствия, не стоит терять веру в себя. Ожидайте неожиданностей и готовьтесь к худшему.

Держитесь подальше от всевозможных соблазнов и анализируйте все "за" и "против", прежде чем принимать важные жизненные решения.

Будьте честны, не теряйте достоинства и не теряйте надежды, когда вам бросают вызов.

Это год судьбоносных перемен, периодически проводите переоценку своего положения в жизни. Продолжайте работать и плыть против течения.

В периоды полнолуния вы сможете увидеть результаты проектов, над которыми работали. Вы должны расставить приоритеты для себя, своих желаний и потребностей.

В периоды новолуния Ваша энергия и энтузиазм будут чрезвычайно высоки. Вам следует проявлять инициативу и искать возможности для новых начинаний.

В этом году вы почувствуете общие изменения в своей жизни, в своем подходе и мировоззрении. Это тонкие изменения, которые могут не сразу бросаться в глаза. У вас появится решимость достичь своих целей, несмотря на все трудности.

Если вы думаете о том, чтобы завязать отношения, вступить в брак или завести детей, то это подходящий год. Вы получите поддержку и любовь от своей семьи.

Всегда старайтесь искать положительные моменты во всем, с чем вам придется столкнуться в этом году, и ваши усилия окупятся в последние три месяца года. Не ждите, пока что-то упадет с неба, идите за этим.

Однако у вас будет много умственной энергии, и вы будете воплощать свои планы в жизнь. Поэтому следует развивать свои идеи, ум и быть более изобретательным в реализации своих планов.

В периоды затмений вы сможете настроиться на подсознание и разобраться в своих проблемах. Это может стать важным периодом для того, чтобы отпустить и избавиться от чего-то или кого-то, что тяготило Вас в течение долгого времени.

Члены Вашей семьи будут поддерживать Вас, Вы будете чувствовать себя в безопасности, а Ваши настоящие дружеские отношения останутся крепкими. Те, кто действительно любит Вас, будут с Вами в трудную минуту. В середине года Вас должно насторожить предательство в дружбе, Вы окажетесь перед дилеммой: противостоять этому человеку или пустить все на самотек.

В этом году Вы будете в форме, Ваша энергия будет мощной, однако будьте осторожны и не перенапрягайтесь. Делайте перерывы, когда это необходимо, не допускайте переутомления.

Любовь

В Вашу жизнь придут новые люди. Вы сможете пойти на компромисс и, возможно, отдалитесь от тех, с кем у Вас не сложились хорошие отношения.

Пришло время серьезно отнестись к любви и поработать над устранением любовных травм прошлого. Они могут быть получены в молодые годы или в прошлых жизнях. Это очищение поможет вам укрепить эмоциональные связи с другими людьми.

Год благоприятен для заключения брака и рождения детей, что принесет радость и счастье в ваш дом, воспользуйтесь этим для улучшения семейных связей.

Скорпион в отношениях будет переживать очень решительный период. Будьте верны и честны со своим партнером, делитесь своими эмоциями. У некоторых Скорпионов дружеские отношения перерастут в любовные.

Если вы одиноки, у вас будут шансы найти любовь, или чтобы она нашла вас. Не торопитесь, не спешите, проанализируйте этого человека и прислушайтесь к своему сердцу.

В конце года возможны недоразумения и обманы для тех, кто помолвлен и может быть обманут во имя любви.

Жизнь оценивала Вас по-разному, ставила перед сложными ситуациями, но Вы с точностью выдерживали и преодолевали их, так что наберитесь терпения. Все эти переживания сделали Вас таким, какой Вы есть. Вы стали сильным и мужественным, и ничто не может бросить Вам вызов. Несмотря на это, Вы все еще боитесь выразить свои чувства. Этот год преподаст Вам много уроков, которые Вы игнорировали, притворяясь человеком, лишенным эмоций. Выражение своих эмоций очень важно.

Таким образом, если говорить о сердечных делах, то вас ожидает год глубоких эмоциональных связей и трансформации отношений. Независимо от того, одиноки вы или состоите в серьезных отношениях, планеты призывают вас принять свою уязвимость и открыть свое сердце для любви. Всегда доверяйте своей интуиции.

В этом году важно поддерживать баланс между работой и личной жизнью. Хорошо продуманные планы приведут к позитивным изменениям. Вы обретете стабильность и комфорт в личной и профессиональной жизни, выработаете зрелое мировоззрение.

Экономика

В новом году вы начинаете уделять пристальное внимание деньгам, своему финансовому положению и тем ресурсам, которыми вы располагаете.

В периоды ретроградного Меркурия вы будете преодолевать трудности и пытаться устранить блокировки.

Вы получите денежную прибыль, но, возможно, не будете довольны этой финансовой прибылью. Начало года - не лучшее время для крупных инвестиций и риска.

Рекомендуется быть бдительным в инвестициях и сделках, так как неверный шаг может повлиять на ваши инвестиции и отразиться на вас эмоционально; будьте благоразумны с вашими финансами в этом году.

У Вас появятся новые источники дохода, а если Вы окажетесь в центре каких-либо споров, то деньги положат им конец. Во второй половине года возможны непредвиденные расходы на путешествия, здоровье, ремонт оборудования или автомобиля.

Для Вас важна работа, и Вы верите в то, что нужно упорно трудиться, а не упрощать путь. В этом году Ваша целеустремленность и сила воли приведут Вас к успеху. Ваша увлеченность работой вызовет восхищение коллег, а ваши усилия послужат примером для подражания.

Здоровье Скорпиона

Важно заботиться о своем здоровье. У Вас появились вредные привычки, такие как чрезмерное употребление алкоголя и пропуск завтрака в пользу позднего обеда. Эти привычки могут пагубно сказаться на вашем самочувствии. Важно изменить их и перейти к здоровому образу жизни.

Возможно, вам не удастся полностью отказаться от любви к алкогольным напиткам, постарайтесь уменьшить их потребление и частоту употребления.

Столкновение мнений с коллегами, особенно в середине года, может стать причиной стресса. Неумение выражать свои эмоции может усилить Вашу тревогу.

Стресс и беспокойство могут спровоцировать проблемы, связанные с артериальным давлением и нарушением пищеварения.

Подходите к физическим нагрузкам взвешенно, поскольку перенапряжение может привести к стрессу. Занимайтесь теми видами деятельности, которые полезны для души и сердца. Смех и радость должны сопровождать вас для поддержания хорошего самочувствия.

Семья

В вашем доме и семейной жизни будут возникать некоторые проблемы, но все они имеют решения.

Вы можете столкнуться с конфликтами с членами своей семьи. Может ухудшиться здоровье близкого родственника, что станет причиной неблагополучной атмосферы в доме.

Вы можете жить в совершенно другом месте, с новыми людьми, или искать возможности для преобразований в своем доме или в отношениях с теми, кого вы считаете семьей.

Февраль-март - лучшее время для переезда или ремонта жилья.

Вам следует работать над укреплением связей с теми, кого вы считаете семьей, чтобы сделать их более надежными.

Важные даты

4/23 Полнолуние в Скорпионе. *Вам необходимо следить за своей склонностью к ревности и жажде мести. Эта Луна является синонимом глубины и возрождения, она приглашает вас заглянуть вглубь себя, чтобы преодолеть раны и возродиться. Вы можете почувствовать естественное желание освободиться от вещей или людей, которые больше не служат вашему пути.*

9/23 Венера переходит в знак Скорпиона. *Этот транзит обладает огромной силой, поскольку сфокусирует вас на изменении отношения к интимной жизни. В этом цикле у вас есть возможность открыть новый контакт с собственной близостью.*

10/13 Меркурий входит в знак Скорпиона. *Активизируется ваш разум, который сможет заставить вас видеть дальше поверхностного и соединиться с вашей интуицией. Тайны могут всплыть на поверхность, открывая все, что скрыто.*

10/22 Солнце входит в знак Скорпиона.

11/01 Новолуние в Скорпионе. *Один из самых важных моментов месяца, если вы хотите соединиться со своим энергетическим* *потенциалом. Преобразуйте в позитивном ключе все, что требует перемен в вашей жизни.*

Гороскопы на месяц для Скорпиона на 2024 год

Январь 2024 г.

Начало месяца нацелено на профессиональный рост и финансовую стабильность. Используйте свою интуицию и интеллект, чтобы добиться значительных успехов в профессиональной деятельности. Обращайтесь за советом к опытным людям.

В вашей жизни наступает важный момент, когда грядут перемены, поэтому очень важно, чтобы вы были готовы принять эти трансформации, которые произойдут в вашей жизни.

Возможно, вы пытаетесь завершить проект, но ваше воображение работает не так, как обычно. Это временная ситуация.

Может ли дружба перерасти в любовь? Конечно, но прежде, чем сделать этот решительный шаг, следует рассмотреть некоторые аспекты. Проанализируйте, разделяет ли эта дружба ваши желания.

Не стоит экономить на расходах, когда речь идет о здоровье: если вы инвестируете сегодня, то сэкономите на медицинских расходах завтра. Профилактика лучше.

Счастливые числа
15–19–22–31 - 36

февраль 2024 г.

Это хороший месяц для того, чтобы инвестировать в любовь на расстоянии. У Вас достаточно информации, чтобы сделать этому человеку подарок без особого повода. Этим Вы сообщите ему, что рядом с Вами его жизнь будет полна приятных сюрпризов.

Не всегда стоит следовать советам старших, они имеют больший опыт в вопросах любви и желают вам благополучия, но ваша интуиция - лучший компас в этом месяце.

В этом месяце вам предстоит воспользоваться новыми возможностями в своей трудовой деятельности. Небо — это предел, но Вселенная не будет делать это за Вас. Вам следует искать способы увеличить свой доход, занимаясь бизнесом или выполняя внештатную работу.

Вы будете находиться в периоде переосмысления того, кто Вы есть и как Вы себя представляете. Вселенная просит вас обратить внимание на свою профессию. Если она не соответствует Вашим желаниям, то сейчас самое время изменить ее.

Кто-то из вашего прошлого снова войдет в вашу жизнь. Будьте готовы.

Счастливые числа
4–14–23–27 - 29

март 2024 г.

Это прекрасный месяц для любви, а значит, вы можете выплеснуть всю страсть, которую испытываете к тому особенному человеку, который есть в вашей жизни, или к тому, кого вы хотите завоевать.

Хотя в своей работе Вы всегда будете высказывать свое мнение, делать это нужно с осторожностью, поскольку события принимают совсем не тот оборот, который Вы имели в виду.

Любовь вызывает у вас легкое беспокойство, вероятно, в ваших отношениях не все благополучно, и вы решили идти своим путем в одиночку.

Вы живете романом с человеком, который не дает вам того, что вам нужно, это не только удовольствие, которое вы ищете, но и что-то более стабильное, вы должны расставить приоритеты, что хотите вы, а не то, что хочет другой человек.

В конце месяца уместно отдохнуть от рабочей суеты. Уровень энергии чрезвычайно высок. Вы будете вовлечены в напряженные конфликты.

Счастливые числа

6–13–21–25 - 29

апрель 2024 г.

Вы живете романом с человеком, который не дает вам того, что вам нужно, это не удовольствие, которое вы ищете, но и что-то стабильное, вы должны расставить приоритеты, что хотите вы, а не то, что хочет другой человек.

Вы сможете спокойно подходить к рабочим ситуациям и без сопротивления принимать все, что попадается на пути. Особого внимания в этом месяце требует денежный вопрос. Однако следует помнить, что излишняя осторожность или чрезмерная застенчивость также работают против Вас.

Напряженные планетарные аспекты затруднят получение привычной суммы денег. Вселенная ограничивает ваши возможности.

Социальные сети помогут вам справиться с любой проблемой, и вы сможете приобрести новых клиентов.

В конце месяца вы будете обладать необычайной сексуальной энергией.

Чтобы добиться успеха, необходимо идти на риск, страх парализует вас и берет верх над разумом. Только Вы можете изменить эту ситуацию.

Счастливые числа
3–13–24–25 - 26

май 2024 г.

Рутина повседневной жизни в этом месяце может показаться Вам скучной, поэтому сегодня Вы, возможно, будете искать драму, чтобы скрасить свою жизнь. Если Вы найдете романтику, постарайтесь быть осторожными и не создавать проблем, так как Вы можете упустить возможность обрести настоящую любовь.

Это подходящее время для того, чтобы проанализировать свою экономику и понять, можно ли добиться большего. Это идеальное время для внесения необходимых изменений.

Ваше физическое здоровье будет хорошим, Вы будете чувствовать себя энергичным, но эмоциональное равновесие будет очень неустойчивым. Это подходящее время для того, чтобы прояснить свои мысли и развеять сомнения.

Вы будете сосредоточены на своей семье и доме. Вы будете присутствовать в доме, а они будут обмениваться мнениями, что позволит Вам глубже узнать их заботы.

Не тревожьтесь, не занимайтесь рискованными видами спорта и будьте спокойны. С вами может произойти небольшой несчастный случай.

Вокруг вас существуют скрытые силы, которые могут нанести ущерб вашей личной жизни.

Счастливые числа
4–16–18–23 - 24

Вокруг вас существуют скрытые силы, которые могут нанести ущерб вашей личной жизни.

июнь 2024 г.

Если вы женаты или состоите в паре, вам следует избегать конфронтации, иначе весь месяц вы проведете в спорах. Очевидно, что вы во многом не совпадаете во взглядах, но избегайте споров.

Если у Вас нет партнера, то Ваша социальная жизнь будет активной. Вы будете охотно ходить на свидания с друзьями. Вы будете общаться с самыми разными людьми на всех уровнях. Вы также будете проводить встречи или ужины дома.

Обязательства и ответственность за повседневную жизнь в конце месяца будут топить вас. Не воспринимайте все слишком серьезно, это ограничивает и расстраивает. Старайтесь культивировать хорошее настроение, несмотря на проблемы, и сохранять позитивный настрой.

Некоторые люди будут мешать вам, а власть имущие не будут к вам благосклонны. Вы можете оказаться в изоляции, что вызовет чувство обиды и разочарования. Чувство неудовлетворенности может обескуражить вас и заставить отказаться от своих целей. Последовательность ваших идей будет оцениваться.

Под влиянием планет вы услышите о ком-то из своего прошлого. Если это бывший, и он Вас не интересует, не стесняйтесь просто сказать "нет".

Счастливые числа
5–14–15–33 - 34

июль 2024 г.

Ваши планы собраться с компанией друзей в начале месяца могут быть отменены из-за непредвиденных обстоятельств. Это может огорчить Вас, особенно если речь идет о романтических интересах.

Будьте осторожны и не высказывайтесь негативно о ком-то или о чем-то на работе. Кто-то может услышать Вас и выдать тайну. В этом случае Вы окажетесь в затруднительном положении.

Груз стресса, лежащий на ваших плечах, оказывает крайне негативное влияние на ваше сознание, даже если вы этого не замечаете. Сделайте все возможное, чтобы направить это витающее в воздухе напряжение в нужное русло.

Злоупотребление в ночное время может привести к тому, что вы не сможете ответственно работать. Это плохая идея; вам нужен отдых. Вам нужно побыть в одиночестве, чтобы восстановиться и набраться сил, и тогда вы сможете смотреть на мир с ясной головой.

Семья и друзья, которых вы лелеете всей душой, будут требовать вашего внимания. Это возбуждает вас, но проблема в том, что вы хотите побыть наедине со своим партнером.

Встряхните свое тело так, чтобы оно вспомнило, что оно живое. Выходите на улицу, гуляйте, наслаждайтесь солнцем.

Счастливые числа
12–13–20–24 - 32

август 2024 г.

Кто-то скажет вам, что ваши отношения нежные, и это вас очень встревожит. За этим извращенным комментарием скрывается зависть.

Если Вы одиноки, Вы переживаете, что Вас ничто не объединяет с тем человеком, который Вам интересен, и по этой причине Вы не сделали того решающего шага, который означал бы раскрытие своих чувств перед ним.

Составьте список людей, к которым вы можете обратиться за советом и помощью в случае возникновения проблем в работе. Укрепляйте эти отношения частыми контактами. Хорошо знать, на кого можно положиться, и лучше держать их рядом.

Говорят, что тот, кто наносит первый удар, наносит самый сильный. Этот месяц как нельзя лучше подходит для борьбы с болезнями, к которым вы склонны. Планируйте диету, богатую кальцием за счет молока и сыра, исключите жиры и углеводы. Если вы пренебрегали своим питанием, то полезной будет очищающая диета. Избавление от токсинов, накопившихся в печени, позволит вам лучше мыслить и продуктивно работать.

В конце месяца вы обнаружите, что все не так, как кажется, когда речь идет о друзьях.

Счастливые числа

2–7–8 - 10 - 19

Сентябрь 2024 г.

Некоторые несущественные недоразумения будут вызывать дискомфорт в паре в первые дни месяца, особенно в парах, которые не так давно вместе.

Уделяя время знакомству друг с другом, вы сможете понять, как другой понимает мир. После бесед и договоренностей все наладится, и это будет выгодно вам обоим.

В этом месяце у вас появится возможность укрепить выбранную вами профессию. Вам будет полезно пройти курсы повышения квалификации в выбранной области.

Необходимо следить за тем, что вы едите, чтобы защитить свою пищеварительную систему от промышленных продуктов.

В вашей семье произойдут сентиментальные изменения. Это будут позитивные изменения. Вы восстановите отношения с людьми, которых считали отдалившимися от Вас. Вы поймете ценность второго шанса и узнаете, что не все так, как кажется.

Сейчас бесполезно говорить о том, что не стоит беспокоиться о деньгах. Однако старайтесь быть осторожными. Помните, что не стоит перерасходовать деньги.

Счастливые числа
7–25–28 - 31 - 34

октябрь 2024 г.

Если Вы одиноки, то это хороший месяц для того, чтобы влюбиться и завязать сентиментальные отношения. Вы встретите его или ее на семинарах, конференциях или даже в церкви. Если Вы состоите в браке, то Ваш партнер поддерживает Вас во всем, и Вы чувствуете себя под его защитой.

В вашей работе произойдут значительные изменения. Будет много стресса и перемен, но все они будут позитивными. Вам будет особенно сопутствовать удача. Вам помогут очень хорошо расположенные друзья, которые поддержат ваши проекты.

Дома и в семье Вас во всем поддержат. Вы будете чувствовать себя счастливым, потому что все работает. Это будет месяц для путешествий, посещения родных и знакомства с новыми странами. В путешествиях у вас появятся новые друзья.

Социальная жизнь будет постоянно активной. Вы будете посещать множество вечеринок, веселиться!!!

У вас появится избыток энергии, который поможет вам завершить все, что вы давно откладывали. Однако такое количество жизненных сил может мешать засыпанию. Попробуйте уменьшить бессонницу с помощью настоев липы.

Счастливые числа

2–6–8 - 11 - 19

ноябрь 2024 г.

Есть проекты, которые долгое время были заблокированы, но могут быть активизированы в течение этого месяца. Продолжайте планировать и иметь все готовое, чтобы быстро среагировать, когда наступит ожидаемый момент.

С деньгами у вас все будет хорошо, это будет месяц, в котором вы приведете в порядок свои счета. У вас будет достаточно денег, чтобы расплатиться с долгами, если они у вас есть.

Не ешьте каждый день так много жирной пищи, если она вам нравится, оставьте ее в качестве награды для особых дней, вы должны заботиться о своем сердце.

Не позволяйте человеку, которого вы хотите завоевать, говорить о своих намерениях слишком долго: вполне вероятно, что к тому времени, как вы решитесь, он уже найдет себе другую.

Если вы уклонялись от решения какого-то вопроса, кто-то обратит на него ваше внимание. Вы больше не можете прятаться. Необходимо сделать шаг вперед и действовать.

Счастливые числа

3–7–16 - 19 - 34

декабрь 2024 г.

В вашем денежном секторе происходит активная планетарная деятельность, которая радикально изменит способ получения денег. Хотя может показаться, что некоторые источники дохода уходят от Вас, это будет к лучшему. Проанализируйте свой сектор долгов, чтобы определить, что необходимо оплатить в первую очередь. В этом месяце Вы попытаетесь завершить какой-либо проект.

В этом месяце многие могут столкнуться с проблемой стабильных обязательств и прочной любви. Это время для того, чтобы сосредоточиться на том, чего Вы хотите. Если Вы хотите продолжать попытки в неудачных отношениях, это Ваше право, но помните о возможных последствиях такого решения.

Одиночкам не повезет в поиске идеального человека, но для соблазнения у них будет хороший конец месяца.

Вы будете необычайно сильны и полны энергии для всего. Вы не будете чувствовать усталости, несмотря на активную социальную жизнь и большую занятость.

Не переусердствуйте в период новогодних праздников.

Счастливые числа
3–16–20 - 24 - 36

Карты Таро - загадочный и психологический мир.

Слово Таро означает "королевская дорога", это тысячелетняя практика, точно неизвестно, кто придумал карточные игры вообще и Таро в частности; в этом смысле существуют самые разноречивые гипотезы.

Одни говорят, что они возникли в Атлантиде или Египте, другие считают, что таро пришли из Китая или Индии, из древней страны цыган или попали в Европу через катаров. Но факт остается фактом: в картах таро переплетается астрологическая, алхимическая, эзотерическая и религиозная символика, как христианская, так и языческая.

Еще недавно при слове "таро" некоторые люди представляли себе цыгана, сидящего перед хрустальным шаром в комнате, окруженной мистикой, думали о черной магии или колдовстве, но сегодня ситуация изменилась.

Эта древняя техника адаптируется к современности, она вошла в технологию, и многие молодые люди испытывают к ней глубокий интерес.

Молодые люди изолировали себя от религии, поскольку считают, что не найдут там решения того, что им нужно, они осознали двойственность этого, чего не происходит с духовностью. В социальных сетях можно найти аккаунты, посвященные изучению и гаданию на таро, поскольку все, что связано с эзотерикой, модно, более того, некоторые иерархические решения принимаются с учетом таро или астрологии.

Примечательно, что не те предсказания, которые обычно связаны с таро, являются самыми востребованными, а те, которые связаны с самопознанием и духовным консультированием, - самыми востребованными.

Таро — это оракул, с помощью его рисунков и цветов мы стимулируем нашу психическую сферу, ту внутреннюю часть, которая выходит за пределы естественного. Многие люди обращаются к таро как к духовному или психологическому путеводителю, поскольку мы живем в неопределенные времена, и это толкает нас на поиски ответов в духовности.

Это такой мощный инструмент, который конкретно говорит вам о том, что происходит в вашем подсознании, чтобы вы могли воспринять это через призму новой мудрости.

Карл Густав Юнг, известный психолог, использовал символы карт Таро в своих психологических исследованиях. Он создал теорию архетипов, в которой обнаружил обширную сумму образов, помогающих в аналитической психологии.

Использование рисунков и символов для обращения к более глубокому пониманию часто применяется в психоанализе. Эти аллегории являются частью нас, соответствуя символам нашего подсознания и нашего разума.

В нашем бессознательном есть темные области, и, используя визуальные техники, мы можем добраться до различных его частей и раскрыть неизвестные нам элементы нашей личности. Когда вы сможете расшифровать эти послания с помощью изобразительного языка таро, вы сможете выбирать, какие решения принимать в жизни, чтобы создать ту судьбу, которую вы действительно хотите.

Таро с его символами учит нас тому, что существует иная Вселенная, особенно в наше время, когда все так хаотично и всему ищут логическое объяснение.

Повешенный, карта Таро для Скорпиона на 2024 год

Вы измените свое отношение к событиям. Эта карта приглашает Вас воспользоваться возможностями, которыми Вы не воспользовались.

Вы должны научиться использовать все свои ресурсы или достоинства, которые вы не использовали.

Вы должны быть мужественными и самоотверженными. Освободитесь от ограничений.

В этом году вы можете выйти из инерции и начать действовать, чтобы ускорить или изменить ситуацию.

Он представляет собой тупик, то, что сдерживает вас и не позволяет увидеть надежду.

Какая-то сила ограничивает вашу ситуацию или текущий момент.

У Вас есть ощущение, что Вы чего-то не достигаете по инерции.

Помните, что отстранение может потребовать жертв с вашей стороны, оно может быть болезненным, но как только вы сможете отпустить то, что было, вы почувствуете себя свободным от сковывающих вас цепей.

Эта карта уверяет вас в том, что вы останетесь в той же ситуации на некоторое время, поэтому, если ваша нынешняя ситуация, будь то в любви или в деньгах, хороша, она гарантирует вам такой же год.

Руны года 2024

Руны — это набор символов, образующих алфавит. Слово "руна" означает "тайна" и символизирует шум столкновения одного камня с другим. Руны — это древний провидческий и магический метод.

Руны не служат для точных предсказаний, но они служат для того, чтобы подсказать вам будущее событие, предмет или решение.

Руны имеют конкретное значение для того, кто хочет его получить, а также некое послание, связанное с невзгодами, возникающими в жизни.

Даган, руна Скорпиона 2024

Он символизирует космический союз неба и земли. Две несовместимые энергии, объединившись, создают нейтральную совокупность.

Он побуждает к развитию и новым действиям. Он является талисманом против черной магии и помогает достигать поставленных целей, превращая темные моменты в светлые.

Эта руна - свет после трудного периода, она хочет, чтобы вы помнили, что неприятные моменты не вечны, они следуют традиционному процессу и в конце концов оставляют переживания.

Даган — это свет в конце туннеля, рассвет после тьмы, обретение ключа от двери, дающей свободу. Грядет великая трансформация, а с ней и ваша победа.

Вы начинаете оставлять позади все плохое, находя решения, которые вы искали. С помощью света этой руны вы обретаете успех, кульминацию этапа, начало нового дня. В этом решительном, новом начале Даган охраняет вас.

Эта метаморфоза непредвиденна, с этого момента вы станете другим человеком. Даган предвещает фазу роста и ясности.

Даган гарантирует вам крепкое здоровье. Год, в течение которого для сохранения стабильности вам потребуется лишь регулярная забота о своем теле и эмоциях.

Удачные цвета

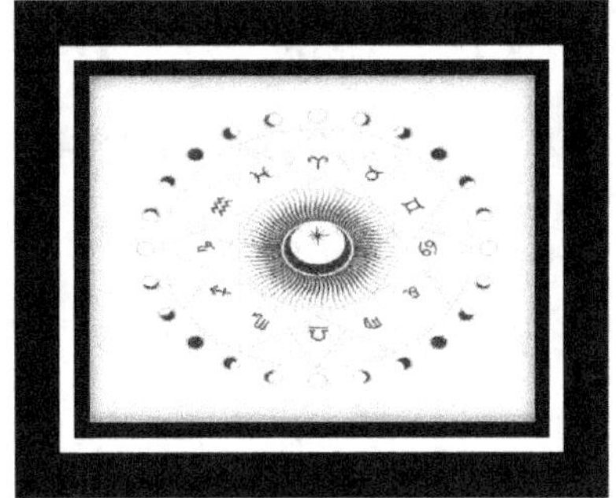

Цвета оказывают на нас психологическое воздействие: они влияют на нашу оценку вещей, мнение о чем-то или о ком-то, а также могут использоваться для принятия решений.

Традиции встречи нового года в разных странах различны, и в ночь на 31 декабря мы подводим итоги всего позитивного и негативного, что было в уходящем году. Мы начинаем думать о том, что нужно сделать, чтобы изменить свою удачу в новом году.

Существует несколько способов привлечь к себе положительные энергии при встрече нового года, и один из них - надеть или носить аксессуары определенного цвета, привлекающего то, что мы желаем в наступившем году.

Цвета несут энергетический заряд, влияющий на нашу жизнь, поэтому всегда желательно встречать год, одетым в цвет, привлекающий энергии того, чего мы хотим достичь.

Для этого существуют цвета, положительно вибрирующие под каждым знаком Зодиака, поэтому рекомендуется носить одежду того оттенка, который будет способствовать привлечению процветания, здоровья и любви в 2024 году. (Эти цвета можно использовать и в остальное время года для важных событий или для того, чтобы сделать ваши дни более насыщенными).

Помните, что, хотя чаще всего принято носить красное белье для страсти, розовое - для любви, а желтое или золотое - для изобилия, никогда не будет лишним включить в свой наряд тот цвет, который наиболее выгоден нашему знаку зодиака.

Скорпион

Дорадо

Ключевые слова золотого цвета: цвет королевской власти, символ денег, богатства, духовной эволюции, силы.

Золотой цвет связан с изобилием и могуществом, с великими идеалами, мудростью и знаниями.

Это цвет, который оживляет ум и энергию, отгоняет страхи и лишнее.

Золотой цвет отлично помогает при депрессии и уравновешивает психику.

Если использовать этот цвет, то он поможет привлечь удачу и процветание, поверить в себя и в свое будущее.

Золотой цвет символизирует процветание, успех и оптимизм, поэтому он будет вдохновлять вас на жизнерадостный взгляд на жизнь, побуждая искать связь со Вселенной и напоминая, что внутренний свет — это источник нашего истинного счастья.

В Египте золотой цвет использовался фараонами, поскольку символизировал духовный свет, жизнь и возрождение, так как они верили в реинкарнацию.

Он ассоциируется с божествами всех культур, поскольку символизирует богатство и триумф.

Золотой цвет повышает самооценку, уверенность в себе и творческие способности.

Счастливые Талисманы

У кого нет счастливого кольца, цепочки, которая никогда не снимается, или предмета, который он не отдал бы ни за что на свете? Все мы наделяем принадлежащие нам предметы особой силой, и этот особый характер, который они принимают для нас, делает их магическими предметами.

Для того чтобы талисман мог действовать и влиять на обстоятельства, его носитель должен верить в него, и тогда он превратится в огромный предмет, способный выполнить все, что от него требуется.

Обычно амулетом называют любой предмет, умилостивляющий добро в качестве средства защиты от зла, вреда, болезней и колдовства.

Амулеты на удачу помогут вам провести 2024 год в благоденствии в доме, на работе, в семье, привлечь деньги и здоровье. Чтобы амулеты работали правильно, не следует давать их в руки посторонним и всегда иметь под рукой.

Амулеты существовали во всех культурах и изготавливались из элементов природы, которые служат катализаторами энергий, способствующих исполнению желаний человека.

Амулету приписывается способность отгонять зло, чары, болезни, бедствия или противодействовать злым желаниям, произнесенным через глаза других людей.

Талисман "Скорпион

Клевер

Это один из самых мощных амулетов, на протяжении многих веков этому виду растения приписывались магические свойства, его популярность восходит к кельтской культуре, но он является популярным символом удачи во многих культурах. Египтяне носили амулеты в форме четырехлистного клевера, чтобы защитить себя от несчастий, опасностей, бедствий и казусов.

Согласно легендам, каждый лист имеет свое значение. Первый - слава, второй - богатство, третий - любовь, четвертый - здоровье.

Он связан с удачей, поскольку используется для получения денег.

Поскольку это защитный амулет, он будет оберегать от злых духов и глаз.

Поскольку растение труднодоступно, его дизайн можно запечатлеть различными способами. Один из самых простых - в ювелирных изделиях.

Счастливый кварц

Всех нас привлекают бриллианты, рубины, изумруды и сапфиры - очевидно, драгоценные камни. Полудрагоценные камни, такие как сердолик, тигровый глаз, белый кварц, лазурит, также высоко ценятся, поскольку на протяжении тысячелетий использовались в качестве украшений и символов власти.

Многие не знают, что они ценились не только за красоту: каждый из них имел сакральное значение, а их целебные свойства были не менее важны, чем декоративные.

Кристаллы и в наши дни обладают теми же свойствами, большинство людей знакомы с наиболее популярными из них, такими как аметист, малахит и обсидиан, но в настоящее время появились новые кристаллы, такие как лайма, петлит и фенакит.

Кристалл — это твердое тело геометрически правильной формы, кристаллы образовались при создании Земли и продолжают метаморфировать по мере изменения планеты, кристаллы - это ДНК Земли, это миниатюрные хранилища, в которых хранится развитие нашей планеты за миллионы лет.

Одни из них подвергались огромному давлению, другие росли в камерах, расположенных глубоко под землей, третьи возникали из капель. Какую бы форму они ни принимали, их кристаллическая структура способна поглощать, сохранять, фокусировать и излучать энергию. В основе кристалла лежит атом, его электроны и протоны. Атом динамичен и состоит из ряда частиц, которые вращаются вокруг центра в постоянном движении, поэтому, хотя кристалл может казаться неподвижным, он представляет собой живую молекулярную массу, которая вибрирует с определенной частотой, и именно это придает ему энергию.

Раньше драгоценные камни были царской и священнической прерогативой, священники иудаизма носили на груди пластину с драгоценными камнями, которая была не просто эмблемой, обозначавшей их функции, но и передавала власть носителю.

Люди носили камни еще в каменном веке, поскольку они выполняли защитную функцию, оберегая своего владельца от различных бед. Современные кристаллы обладают той же силой, и мы можем подбирать украшения не только по их внешней привлекательности: находясь рядом с ними, можно зарядиться энергией (оранжевый сердолик), очистить пространство вокруг себя (янтарь) или привлечь богатство (цитрин).

Некоторые кристаллы, такие как дымчатый кварц и черный турмалин, способны поглощать негатив, излучая чистую и прозрачную энергию.

Ношение черного турмалина на шее защищает от электромагнитных излучений, в том числе от сотовых телефонов; цитрин не только привлечет богатство, но и поможет его сохранить; поместите его в части дома, посвященной богатству (задний левый угол, наиболее удаленный от входной двери). Если вы ищете любовь, кристаллы помогут вам в этом: поместите розовый кварц в угол отношений вашего дома (задний правый угол, наиболее удаленный от входной двери), его воздействие настолько сильно, что вы можете добавить аметист, чтобы компенсировать притяжение.

Можно также использовать родохрозит - любовь придет сама.

Кристаллы способны исцелять и дарить равновесие, некоторые кристаллы содержат минералы, известные своими лечебными свойствами, малахит имеет высокую концентрацию меди, ношение малахитового браслета позволяет организму усваивать минимальное количество меди.

Лазурит снимает мигрень, но если головная боль вызвана стрессом, то аметист, янтарь или бирюза, помещенные над бровями, снимут ее.

Кварц и минералы — это драгоценные камни матери-земли, дайте себе возможность и соединитесь с магией, которую они излучают.

Счастливый кварц Скорпион 2024

Цитрин

Супер магнитный кварц. Он придаст вам сильную личную харизму и поможет проявить творческие способности.

Его вибрации дадут вам энергию, изобилие и экономическое процветание.

Если вы хотите увеличить благосостояние в своей жизни, поместите цитрин где-нибудь в своем доме или на предприятии, где вы связаны с экономическим миром. Его энергия увеличит возможности вашего успеха.

Он работает как защитный талисман, способный нейтрализовать любой вид негативной энергии.

Она обеспечивает интуицию, позволяющую правильно защитить себя.

Проецируйте радость и гармоничные чувства на всех, кто вас окружает.

Это поможет вам постепенно повысить самооценку и обрести свою идентичность. Она преобразует вашу систему ценностей так, что вы сможете почувствовать себя мотивированным.

Совместимость Скорпиона и знаков Зодиака

У Скорпиона плохая репутация. Этот темный водный знак известен своим таинственным обаянием, неуемным честолюбием и свойственной ему неуловимостью. Самый сложный знак Зодиака, он представлен скорпионом - коварным животным, обитающим в темноте.

Для Скорпиона жизнь — это шахматная партия, которой управляет планета Плутон, обладающая способностью к регенерации и превращению в свою лучшую и сильнейшую версию. Рост для Скорпиона имеет первостепенное значение, он использует метаморфозы как инструмент эмоционального и психического расширения.

Подобно Плутону и соблазнительным силам оккультного мира, Скорпион "потеет" энергией. Скорпион не испытывает трудностей с ухажерами и известен своей невероятной чувственностью. Несмотря на свою похотливую репутацию, он ценит честность и конфиденциальность в отношениях.

Из-за своей невероятной свирепости и силы люди считают Скорпиона огненным знаком, однако он относится к стихии воды, что символизирует то, что он черпает свои силы из подсознания и эмоций. Скорпион интуитивен и чувствителен, может воспринимать энергетику любого дома и впитывать эмоции других людей.

Скорпион жесток и, как и его астрологический символ, бдит в темноте, ожидая удобного случая, чтобы нанести удар, когда его меньше всего ожидают. Этот расчетливый водный знак всегда планирует грандиозные планы на несколько шагов вперед.

Это не означает, что его намерения обязательно гнусные, просто он любит планировать на долгосрочную перспективу и для этого концентрируется на своих целях и никогда не показывает свои карты, и именно эта загадочность делает его таким притягательным.

Скорпион умеет использовать свою интуицию, чтобы манипулировать любой ситуацией и настраивать людей друг против друга.

Скорпион должен всегда помнить, что если он позволит управлять собой своему стремлению к манипулированию и власти, то рискует сам получить укус. Ваше скрытное поведение может привести к потере отношений.

Этот знак знает, как отдать все силы, когда его личная интенсивность проявляется в общении с самыми близкими людьми, потому что, будучи сомнительным и собственническим, он в то же *время очень защищает своих близких и готов защищать их, не задумываясь об этом.*

Когда он может установить доверие и чувствует себя в безопасности, Скорпион проявляет сочувствие и преданность.

Элегантный человек производит на вас хорошее впечатление, а у представителей водного знака очень обострены чувства, поэтому в романтических отношениях желательно баловать вас с особой страстью. Этот интенсивный водный знак ценит свою частную жизнь, поэтому ему нелегко впустить в свою личную жизнь незнакомца.

Если вы хотите добиться расположения Скорпиона, процесс ухаживания будет очень длительным и пройдет через множество испытаний на эмоциональную стойкость. Каждый шаг этого знака продуман до мелочей, поэтому Вам придется очень быстро улавливать рифму.

Если вы успешно справитесь с этим процессом, Скорпион будет готов развивать с вами связь на уровне души.

В отличие от других знаков, когда Скорпион находится в отношениях, это не означает, что он чувствует себя защищенным, его интенсивность вечна, поскольку его кардинальная цель - удержать партнера на всю жизнь.

Нет знака зодиака, более связанного с сексом, чем Скорпион, однако, несмотря на свои наклонности, физический акт близости для Скорпиона менее важен, чем связь.

Скорпиону очень трудно удовлетворить свой аппетит, поэтому его привлекают теневые и таинственные переживания. Ему чрезвычайно легко стать зависимым от своих отношений, и это может принять форму безумия, когда Скорпион специально создает проблемы, чтобы оценить своего партнера, - токсичное поведение, которое является неблагоприятным. Скорпиону следует помнить, что в серьезных отношениях люди имеют право на эмоциональную независимость и близость.

Главное, что необходимо помнить в отношениях со Скорпионом, — это то, что нужно быть ясным, спрашивать его о чувствах и не бояться оспаривать любое скрытое поведение. Скорпион будет ценить ответственность, и чем больше вы будете общаться с ним напрямую, тем надежнее будут отношения.

К сожалению, в жизни неизбежны разочарования, и, хотя Скорпион славится своей способностью восставать из пепла, это не означает, что расставания даются ему легко, более того, этот знак с трудом расстается со своими партнерами. Неважно, является ли он инициатором разрыва, этот пронизывающий знак всегда чувствует себя беспомощным после того, как он произошел.

Иногда конец отношений высвобождает в Скорпионе тягу к контролю, что иногда приводит к тому, что он начинает мучиться и вступать в отношения со своими бывшими партнерами, поэтому лучше пресекать это в зародыше.

Движимый своими страстями, Скорпион - решительный партнер, и если некоторые знаки сопротивляются упорству Скорпиона, то другие знаки вдохновляются его энергией.

***Скорпион и Овен**, едва увидев друг друга, испытывают невероятное физическое притяжение. Однако неумение Овна хранить секреты заставляет Скорпиона, ценящего прежде всего доверие и конфиденциальность, чувствовать себя некомфортно. Овен же, в свою очередь, задается вопросом, почему все должно быть так скрыто. Но, в конце концов, если эти два знака смогут уважать неадекватность друг друга, их отношения будут идеальными, и они с удовольствием будут покорять мир.*

Скорпион и Телец, _будучи противоположными знаками, дополняют друг друга. Скорпион — это чистая сексуальность. Поэтому в паре с Тельцом, самым чувственным знаком Зодиака, яростный сексуальный аппетит Скорпиона будет удовлетворен. Им придется преодолевать препятствия, оба они невероятно упрямы, но эта пара создает поистине эротические отношения._

Скорпион и Близнецы _образуют эксцентричную пару. Основные ценности Скорпиона кардинально отличаются от легионеров Близнеца, который к тому же неосмотрителен и общителен, любит менять свое мнение. Скорпион же, напротив, проницателен, предусмотрителен и тверд в своих суждениях._

Эффектное жало Скорпиона способно пленить самых крупных существ, но космический арахнид не сравнится с близнецом. Для того чтобы эта пара сложилась, каждый знак должен принять отличия другого.

Если Скорпион сможет освободиться от необходимости все скрывать, а Близнецы будут готовы позволить Скорпиону победить, хотя бы один раз, то их отношения могут продлиться долго.

Скорпион и Рак сливаются *без особых усилий. Рак принимает сильные эмоции Скорпиона, небесный краб выходит из своего панциря ради Скорпиона, т. е. проходит лишнюю милю. Рак осторожен в начале отношений, но со Скорпионом он уязвим с самого начала.*

В этих волшебных отношениях Скорпиону трудно отпустить себя, так как его чувствительность очень сильна. Рак может иногда огорчаться из-за неспособности Скорпиона быть ведомым, но, в конце концов, это одни из лучших отношений в Зодиаке. Взяв на себя обязательства, они становятся парой на всю жизнь.

Скорпион и Лев *- самые недоверчивые представители зодиака. Когда речь заходит об этих двух знаках, всегда чувствуется энергия двух естественных соперников, выходящих на ринг. Лев не любит оставаться в стороне и оценивает скрытые ходы Скорпиона как преднамеренное жульничество. С другой стороны, Скорпион высмеивает неумение Льва скрывать свои мотивы. Однако если они создадут отношения, то их совместная энергия будет несокрушимой. Хотя это будет нелегко, такой союз вызывает мужество и энтузиазм.*

У Скорпиона и Девы *доминирует игра со своими прототипами. Скорпион хочет привлекать, а Дева - очаровывать. Поэтому между ними существует захватывающее напряжение, перетягивание каната, которое может породить извращенные отношения. Но эта связь - нечто большее; отношения основаны на искреннем восхищении. Деву вдохновляет жадность Скорпиона, а Скорпион ценит практичность Девы. Здесь периодически будет возникать конфликт, когда Скорпион почувствует, что Дева его осуждает и порицает.*

Скорпион и Весы *борются за власть, Скорпион хочет корректировать облик Весов, а Весы - быть осью своей Вселенной. Весам нравится казаться невинными, и космическое равновесие наслаждается.*

обманывая Скорпиона своими поверхностными заигрываниями. Когда эти два знака перестанут играть в игры, из них может получиться замечательная пара. Конечно, не обойдется без столкновений, поскольку энергия воздуха и воды вместе создают ураганы, но трения не всегда являются причиной разрыва отношений. В случае со Скорпионом и Весами они, напротив, могут стать источником тепла.

*Отношения между **Скорпионом и Скорпионом** забавны. Скорпион гордится тем, что он самый скользкий из зодиаков. Поэтому, когда он объединяется с кем-то из своих, он прилагает все усилия, чтобы сохранить свою таинственную силу. Эти отношения подпитываются глубокими тайнами, страстью и потребностью в контроле, что может затруднить сохранение союза. Однако если им удастся преодолеть первоначальные трения, то все может сложиться как нельзя лучше.*

***Скорпион и Стрелец — это** интригующие отношения. Скорпион интригует Стрельца, интересуется. Скорпион не может сравниться со Стрельцом, даже если под неземным Скорпионом скрывается авантюрист, которому необходимо странствовать. Со временем и Скорпион, и Стрелец могут утомиться в отношениях, Скорпион нуждается в честности и некоторой загадочности, а Стрелец - в независимости. Однако если они решат, что все получится, то у них сложатся интересные отношения.*

***Скорпион и Козерог** - отношения сложные. Большинство знаков не выносят безжалостного* честолюбия Козерога, но Скорпиона покоряет его движение. Более того, Скорпион будет притворяться, что романтизирует Козерога, демонстрируя собственную смелость.

Когда речь заходит о долгосрочных отношениях, Козерог очень требователен, оба знака будут большую часть ухаживания изучать резюме друг друга, пока в итоге не завяжутся романтические и чрезвычайно сексуальные отношения. Эти отношения очень интенсивны, так как Скорпион и Козерог ожидают долгосрочных обязательств, и если они их берут, то могут воплотить их в жизнь.

Скорпион и Водолей - знаки одной модальности. Эти знаки - две загадки, которые каждый пытается расшифровать. Точно так же Скорпион и Водолей сочетаются друг с другом и с удовольствием счищают слои сложностей друг друга. Скорпиону, жаждущему власти, придется согласиться, если он признает свободу Водолея, а Водолею, в свою очередь, придется гармонизировать неловкость Скорпиона в отношении контроля. Однако если эта пара сможет найти общий язык, их отношения будут волшебными, загадочными и особенными.

Скорпион и Рыбы — *это эмоционально насыщенные отношения. Необычные экстрасенсорные способности Рыб могут раздражать Скорпиона, который в основном ориентирован на равенство. Однако эмпатия Рыб успокаивает Скорпиона, и вместе они с удовольствием погружаются во внутренний мир друг друга. Если Скорпион будет добр, а Рыбы научатся защищать себя, они с удовольствием построят вместе торжественное владычество под водой.*

Знаки, с которыми не следует вести дела.

Лев и Стрелец - два огненных знака, которые слишком импульсивны для Скорпиона, что заставляет его чувствовать себя неуверенно.

Признаки, с которыми можно ассоциировать

Овен, Лев и Козерог.

Это знаки, которые обладают блестящим умом и знают, как изучить, будет ли бизнес успешным.

Денежные ритуалы

Заклинание для семьи, чтобы она всегда имела экономическое процветание.

Начинать этот ритуал следует в воскресенье.

Вам потребуется:

- Несколько банкнот (независимо от того, вышли ли они из обращения)

- Различные монеты

- 1 зеленая свеча

- 1 желтая свеча

 -1 кусок зеленой ткани

Начните с того, что положите купюры в форме прямоугольника поверх зеленой ткани. В середине поместите монеты в форме пенала. Слева от пенала поставьте зеленую свечу, а справа - желтую. Зажгите их на один час, по истечении этого времени погасите их кончиками пальцев. Повторяйте этот процесс в течение 3 дней. На четвертый день выбросьте остатки свечей. Монеты и купюры заверните в зеленую ткань, которая будет храниться на кухне или в столовой вашего дома.

Ритуал "Молния" для привлечения денег в ваш бизнес.

Вам понадобятся два небольших глиняных горшочка. В один из них Вы положите семена горчицы, корицу, два листика руты и малахитовый кварц. Поставьте этот горшочек у входа в ваш бизнес. Каждый четверг добавляйте в него капли сандалового дерева. В другую чашу положите пиритовый кварц и черный турмалин, *добавьте мед и два листа базилика. Поместите эту чашу в задней части вашего бизнеса.*

Ритуал ликвидации долгов.

Вам потребуется:

- 1 большая стеклянная бутылка с крышкой

- 1 зеленая свеча-пирамидка

- 1 белая свеча

- 1 черная свеча

- 1 коричневая свеча

- Морская соль

- Коричневый сахар

- Рис

- Листья мяты

- Листья лавра

- Зерна кукурузы

- Базилик

- 1 купюра любого достоинства

- Спектакль Юпитера № 1

Спектакль № 1 Юпитера.

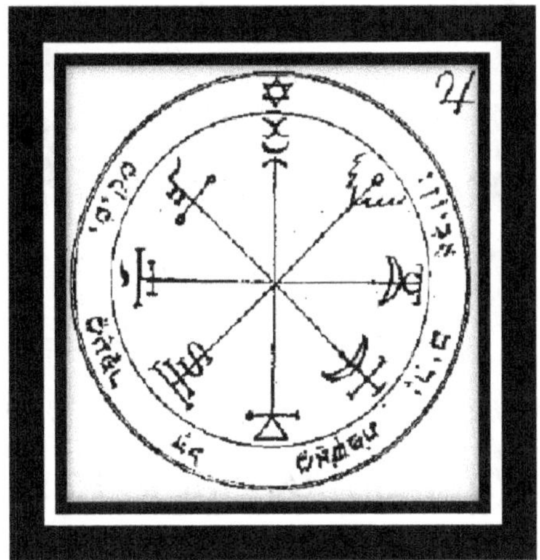

- Зеленая ручка для письма

- Оливковое масло

Это заклинание должно быть произнесено в пятницу, в момент нахождения планеты Юпитер.

Свечи необходимо освятить оливковым маслом. Затем поместите их в квадратную форму. Зажгите их.

Вы берете зеленую ручку и пишете за спектаклем Юпитера: "Пришли ко мне деньги, изобилие сегодня и всегда".

Затем подпишите его, указав свое имя, место, дату и время рождения, и поместите в центр свечи.

Затем начинаем заполнять стеклянную бутылку в таком порядке: морская соль, затем слой коричневого сахара, рисовые зерна, затем свернутая купюра, затем травы.

Поместите не закупоренную бутылку в центр квадрата (над спектаклем Юпитера), который вы создали с помощью свечей. Оставьте свечи зажженными, но прежде, чем они догорят, возьмите зеленую свечу, накройте бутылку крышкой и запечатайте ее, капнув на нее зеленый воск.

После того как свечи погаснут, выбросите их остатки в мусорное ведро. Бутылку следует закопать во дворе.

 Если у вас нет такой возможности, сходите в парк и закопайте его под деревом, если оно цветет, тем лучше.

Заклинание процветания с помощью _сахара, монет и пента клей Солнца._

Это заклинание следует произносить в воскресенье в период Солнца или планеты Венера.

Во втором пенале Солнца вы напишете на обороте свои пожелания экономического процветания.

На вершину четвертого пенала Солнца положите четыре монеты общего пользования. Зажгите зеленую свечу и капните воском на эти монеты.

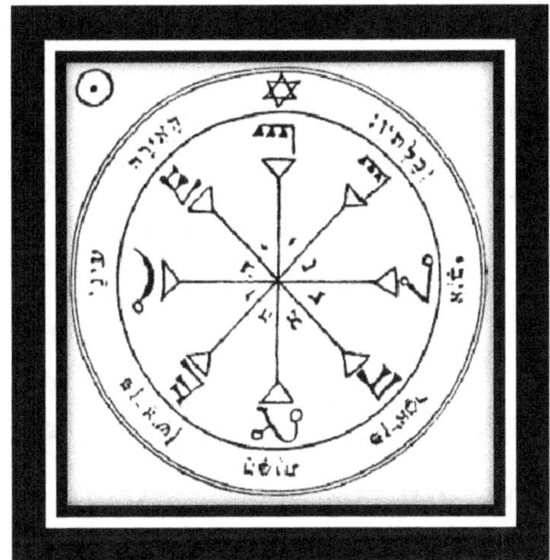

Второй спектакль Солнца.

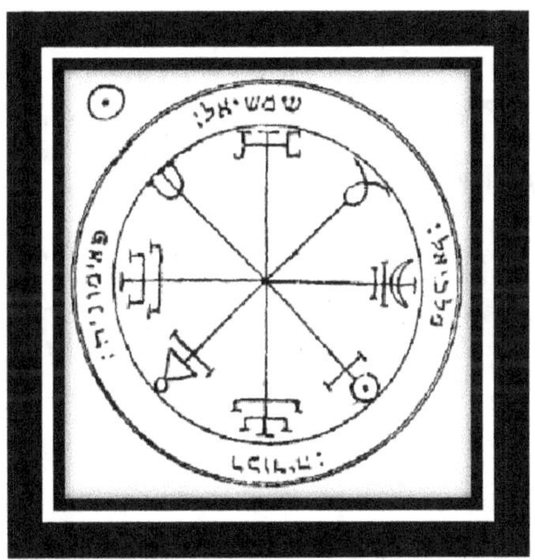

Четвертый Спектакль Солнца.

Дайте свече догореть в центре пента клей. Затем найдите золотой конверт и положите в него потекли, монеты, остатки свечи и коричневый сахар. Закопайте конверт под деревом или во *дворе, повторяя при этом: "Все, что я прошу, умножается".*

Заклинание для предотвращения долгов в бизнесе.

В квадратную стеклянную емкость приклеить с каждой стороны по маленькому зеркальцу (как те, что мы, женщины, используем для макияжа). Внутрь емкости поместите немного земли, морской соли, молотого кофе, свернутую купюру, перевязанную золотой ленточкой, пять монет, два цитрусовых кварца и коричневый сахар. Зажгите золотую свечу и запечатайте весь ободок крышки воском. Поставьте эту банку рядом с кассой, если у вас есть бизнес.

Заклинание с сахаром и растение с цветами.

Вам потребуется:

- 1 цветущее растение

- 1 желтая свеча

- 1 монета

- *2 литра священной воды или воды Полной Луны*

- *Белый сахар*

- *Новая швейная игла*

- *1 цитрусовый кварц*

На желтой свече с помощью иглы нужно написать следующее: "Деньги приходят ко мне". Затем зажгите свечу. Поместите в емкость священную воду и добавьте сахар, перемещайте препарат. Положите монету и цитрин в емкость и оставьте ее рядом со свечой до тех пор, пока свеча не сгорит и не погаснет. Вы будете использовать воду для полива выбранного вами растения, чтобы быстро получить деньги. Монету, цитрин и остатки свечи закопайте рядом с растением. Во время выполнения этой операции мысленно повторяйте про себя: "Деньги приходят ко мне".

Заклинание, избавляющее от бедности.

Вам потребуется:

- *1 большой лимон*

- *Белый сахар*

- *1 зеленая свеча*

- *1 стеклянная емкость с широким горлом*

- *1 новая швейная игла*

Вы должны написать на свече иглой следующие слова: "У меня много денег" и свое полное имя. Затем зажгите свечу. Возьмите лимон и разрежьте его пополам, он должен разделиться на две половинки, но остаться соединенным небольшой долей. Положите лимон в миску и посыпьте сверху сахаром. Во время этого процесса повторяйте вслух: "У меня много денег". Лимон должен оставаться в миске до тех пор, пока свеча не будет израсходована. Затем возьмите банку, положите в нее лимон, сахар и остатки свечи. Эта банка должна оставаться на вашей кухне.

Заклинание для получения денег.

Вам потребуется:

-5 зеленых свечей

-1 красная свеча

-1 свеча золотого цвета

- 1 свеча, соответствующая цвету вашего знака зодиака

- 1 палочка сандалового ладана

Перед началом ритуала свечи необходимо освятить оливковым или базиликовым маслом. Зажгите благовония для ускорения концентрации и увеличения силы, затем зажгите свечу своего знака и мысленно повторите: "Эта свеча представляет меня и будет моим посланником". Затем зажигают золотую свечу и произносят: "Эта свеча представляет все деньги, которые придут в мою жизнь". Зажгите зеленые свечи, повторяя: "Эти свечи представляют изобилие, которого я желаю". Зажгите красную свечу и повторите: "Эта свеча представляет божественную силу и мощь для привлечения денег ко мне". Остатки свечей можно выбросить в мусорное ведро.

Лучшие страны и города для жизни

Страны: *Алжир, Сирия, Марокко, Никарагуа, Перу, Ангола, Ирландия и Норвегия.*

Города: *Бавария, Каппадокия, Мессина, Каталония, Иудея, бывший Трансвааль (в ЮАР), Фес, Ютландия, Дувр, Ливерпуль, Уортон, Ист-Гринстед, Стокпорт, Ньюкасл, Новый Орлеан, Вашингтон, Балтимор, Цинциннати, Милуоки, Чикаго, Джорджия, Манагуа, Рио-де-Жанейро, Мехико.*

Инессы и эфирные масла за деньги

Ладан с эфирным маслом сандалового дерева, его основные свойства - устранение плохих энергий, таких как фальшь и обман.

Растения за деньги

Денежное растение, *известное под названием "Гвинейский каштан", невероятно знаменито тем, что является денежным растением, идеально подходящим для привлечения денег в дом и на работу. К его преимуществам можно отнести то, что его не нужно выращивать с особым усердием, поскольку он легко разрастается.*

Кварц для денег

Тигровый глаз*: Профессиональный успех, успех в бизнесе. Помогает в достижении поставленных целей. Этот кварц благоприятствует удаче и адаптации к переменам.*

Это прекрасный талисман для людей, желающих обрести финансовую независимость.

Зрелище для повышения творческого потенциала.

Денежные брелоки

Потекли Юпитера, которые гарантируют вам процветание.

Потекли - магические фигуры, способные передавать положительные энергии окружающему миру. Действие пента клей Юпитера проистекает из сочетания букв, знаков и благотворных формул, они графически и мистически символизируют желание. Они четко действуют на психику людей, имеющих с ним визуальный контакт.

Самый большой сборник пента клей содержится в "Ключниках царя Соломона" - сборнике по высшей магии, приписываемом этому библейскому царю. В нем тридцать шесть пента клей, имеющих различное назначение, и среди них семь пента клей Юпитера.

Потекли для процветания.

Цель этих пента клей - обеспечить изобилие, разрешить конфликты, связанные с работой, и помочь более непосредственно получать всевозможные блага, обеспечивающие большее процветание.

Юпитер, так называемый в астрологии Великий бенефис, - планета, связанная с экспансией, оптимизмом, связями с влиятельными людьми и способностью приносить удачу. Рисовать их следует с большой концентрацией и с намерением, чтобы они воплотили вашу волю. Наиболее подходящий материал - лист пергамента. После завершения работы их следует повесить на видное место, например, на кассу или в бумажник (можно распечатать).

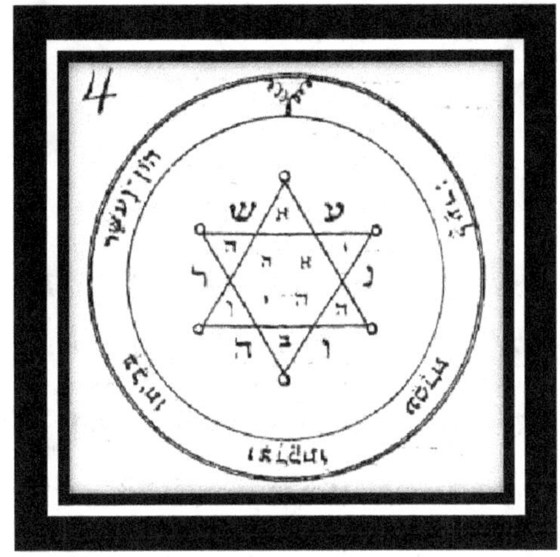

Аффирмации для получения денег

Выполнять эти указы следует в течение 21 дня, чтобы увидеть результаты, по возможности три раза в день. Если вы будете повторять их вслух, то они будут более действенными.

Я процветаю.

Я принимаю свое изобилие.

Сегодня я принимаю решение жить в изобилии, с успехом, любовью и счастьем. Я принимаю решение иметь все лучшее, каким бы замечательным оно ни было. Я думаю об успехе и изобилии.

Отдых

Отпуск приносит физическую и психическую пользу. Доказано, что отдых снижает уровень стресса и способствует укреплению иммунной системы. Иногда планирование отпуска вызывает стресс, потому что вариантов бесконечное множество и выбор становится химерической задачей.

Используя астрологию, понимание вашей личности позволяет определить идеальное для вас место отдыха.

Овнам *идеально подойдет курорт "все включено" с активным отдыхом в теплом месте, например, в Пунта-Кане, Канкуне или на островах Теркс и Кайкос. Австралия — это захватывающая страна, которая предлагает массу эмоций, заставляющих сердце биться.*

Тельцу *очень понравится отдых на роскошном курорте на острове Кайман или роскошный отдых в Дубае, в отеле со всеми удобствами. Италия - идеальная страна, потому что здесь вы найдете все, о чем всегда мечтали: любовь,* очарование, роскошь, прекрасную кухню и первоклассные вина.

Близнецы любят чувствовать себя интеллектуально вовлеченными. Путешествия с экскурсиями, например сафари в Африке или изучение видов Галапагос ких островов, предлагают зодиакальному коммуникатору роскошные впечатления.

Рак, короткие поездки в окружении семьи и друзей. Одним из вариантов является Диснейленд, где можно насладиться аттракционами и разнообразной кухней. В Орландо, штат Флорида, есть множество фантастических отелей и курортов, каждый из которых имеет свою уникальную и увлекательную тематику.

Лев, для этого знака фантастически подходит проживание в бунгало над морем на Таити. Альтернативой роскоши, которую любит Лев, может стать аренда частного тропического острова на Мальдивах, Фиджи или Виргинских островах.

Дева, Италия - ваш лучший вариант. В этой стране вы найдете себе занятие по душе. Как земной знак, вы связаны с окружающим миром, и такие места, как Ла-Романа в Доминиканской Республике, Пуэрто-Веха в Коста-Рике и Белу-Оризонте в Бразилии, вдохнут в вас жизнь.

Весы, выбирайте города с музеями. Тропический отдых не принесет Весам такого удовлетворения, как посещение Лувра в Париже, музея Акрополя в Афинах (Греция), музея Прадо в Мадриде (Испания) или галереи Уффици во Флоренции (Италия).

Скорпион, проведите несколько дней на уединенном пляже с алкоголем и массажем. В Греции, на Бали, Сен-Мартене или Гавайях вы найдете все эти предметы роскоши. Посещение объектов культурного наследия, расположенных неподалеку от вашего роскошного отеля, станет необычным сочетанием тропического и культурного отдыха. Мешконос и Рода в Греции - идеальные места для этого.

Стрелец, исследуйте Камина де Сантьяго - сеть совершенно разных путей, ведущих в город Сантьяго де Компостера. Каждый путь имеет свою историю, наследие и магию. Стрелец -

путешественник, жаждущий новых впечатлений, поэтому в Ирландии вы найдете все, что ищете.

Козерог - целеустремленный знак. Отпуск, во время которого можно завязать новые деловые отношения. Китай был бы впечатляющим. У Козерогов есть чувство исторической ценности, которого нет у других знаков, поэтому такие страны, как Израиль и Египет, где присутствует история, позволят Вам чувствовать себя как дома.

Водолей любит новаторские идеи, неизведанные места и новые отношения. Фантастической страной для посещения может стать Япония не только из-за ее удивительной истории и культуры, но и потому, что каждый из ее регионов может предложить что-то свое.

Рыбы - водный знак, которому по душе тропический отдых. Идеальным вариантом будет отель на берегу моря. Остров "Ла Дик" в Республике Сейшельские Острова, самый красивый пляж в мире, будет иметь несомненный успех. Рыбы, обладающие спокойным взглядом на жизнь, под управлением Нептуна - творческий *мыслитель. Швеция - страна, которую ему стоит посетить, потому что там он найдет такую же новаторскую культуру, как и он сам.*

Кто является вашей второй половинкой в соответствии с вашим знаком зодиака?

Когда мы слышим термин "родственные души", мы обычно думаем о них как о членах пары, т. е. о тех, с кем вас связывает сильная сентиментально-сексуальная связь. Однако настоящие родственные души не всегда относятся друг к другу с этой точки зрения, а зачастую даже не заинтересованы в сексуальном аспекте отношений.

Вашей родственной душой может быть не только ваш партнер, но и ваш родитель, друг, ребенок, бабушка, дедушка, начальник или сестра.

С астрологической точки зрения и с учетом того, что уроки, которые мы должны усвоить перед выходом на новый духовный уровень, определяют тип аффективных отношений, которые нам необходимо развивать в жизни сегодня, можно сказать, что Рак и Рыбы являются родственными душами Овна.

С Раком и Рыбами Овен может не только лучше концентрироваться и разрешать конфликты без насилия, но и развивать эмпатию, то есть способность ставить себя на место другого и учиться делиться.

Эти два знака не любят конфликтов, а если они и возникают, то они предпочитают диалог любому эпизоду жестокости.

Овен может научить Рака и Рыб не нуждаться в одобрении окружающих, быть более рискованными, не пытаться угодить всем, т. е. быть более напористыми.

Чувственный Телец, враг перемен, врожденный родственник инерции, имеет в качестве родственной души Стрельца и Близнецов - два знака, которые знают, что жизнь — это увлекательное, но не статичное путешествие.

Они могут научить Тельца тому, что не нужно оставаться там, где не нужно, боясь неопределенности, и что всегда будут возникать ситуации или обстоятельства, которых мы не ожидаем и которые не в нашей власти изменить. Тельцу также есть чему научить эти знаки.

Уроки силы воли, чтобы иметь обязательства перед другими людьми, быть преданным тому, что они делают, и продолжать до конца с упорством, без спешки и медлительности. Иметь принципы и быть благоразумным.

Лев может сбалансировать много кармы со своими родственными душами, принадлежащими к Весам и Водолею.

Лев может упрямо придерживаться ошибочной идеи или убеждения из тщеславия; Весы и Водолей знают, что за эгоцентричным человеком скрывается низкая самооценка.

Весы научат Льва хладнокровию и терпимости, использованию аргументации и дипломатии для поддержания ровного общения. Водолей, противоположный Льву знак, наделенный объективностью и справедливостью суждений, так как не подвержен предрассудкам, научит Льва видеть сердца людей, предлагать им свое плечо и говорить сочувственные слова в трудную минуту.

Лев никогда не колеблется при принятии решений, а если и колеблется, то не проявляет этого, что Весам следует практиковать.

Верность - отличительная черта Льва, неизвестная Водолею, и маленькие львята могут давать ему уроки нравственности.

У Дев, известных как перфекционисты из-за их огромного страха перед неудачей, родственными душами являются Скорпион и Козерог. Дева любит быть строгой в своих решениях и имеет прототип в каждом аспекте своей жизни. Такая избирательность мешает им следовать за движением жизни.

Дева будет разрывать весь проект на части, если посчитает, что он изначально был не идеален, чего Козерог никогда не сделает, так как его дальновидность позволяет увидеть, что всегда можно принять альтернативные меры, не начиная все сначала.

Козерог - знак, уверенный в собственном пространстве, он не принимает бессмысленных решений, как это иногда делает Дева.

С другой стороны, Скорпион может смягчить худшее и усилить лучшее в Деве. Скорпион и Дева имеют практический подход к жизни, однако Скорпион гораздо более жизнелюбив, чем Дева. Скорпион привнесет в жизнь решительность, которой не хватает Деве, а Дева - контроль и рациональность для увлеченного Скорпиона.

Дева сделает Козерога более приятным и игривым на своей стороне, изолируя его от той излишней серьезности, которую он часто демонстрирует на своем лице.

Безумие

На протяжении всей истории человечества безумие представало перед нами как неясная, загадочная и противоречивая истина. Оно пугало нас, мы его игнорировали и даже принимали, и в результате люди, страдавшие от него, отвергались, уничтожались и почитались.

Любое поведение, не согласующееся с нашими рассуждениями, не обязательно является актом безумия, а представляет собой уникальный способ поведения.

Ошибкой будет, если мы, испытывая угрызения совести или раздражение от поступков или безрассудства других людей, прогоним их, поскольку это не сделает нас более разумными, уравновешенными или совершенными, а, наоборот, сделает такими же сумасшедшими.

Определение безумия так же сложно, как и определение здравомыслия, но все знаки Зодиака имеют свою степень безумия.

Рак: они темпераментны. Это приводит к тому, что они обладают непонятной для постороннего взгляда личностью. Популярность сумасшедшие заслужили благодаря своему непостоянному характеру, который иногда мешает окружающим.

Скорпион: для счастья им нужны перемены, они могут совершать безумные поступки только для того, чтобы получить хоть какую-то отдачу. Для них вспышка — это нормально, потому что они зависимы от перемен и неистовства.

Рыбы: *невозможно, чтобы они не заразили вас своим безумием. Их нестабильность и неуравновешенность беспокоят окружающих. Они видят все в радужном свете, из-за чего их называют сумасшедшими, потому что они всегда парят на облаке.*

Близнецы: *славятся своей двойственностью. Иногда они находятся в конфликте с самими собой. Им нравятся вызовы, связанные с опасностью. Они любят планировать импровизированные приключения и всегда готовы перейти границы максимального безумия.*

Лев: *когда огонь поселяется в их голове, им кажется, что все, что окружает их жизнь, важнее всего остального. Они экстравагантны и* придерживаются взглядов, которые для других считаются безумными. Они могут совершать поступки, которые разумный человек никогда бы не совершил.

Овны: они расстраивают себя и всех окружающих. Они упрямы и любят быть первыми во всем, даже если для этого им приходится совершать безумные поступки. Они не знают, как взять свои слова обратно, что приводит их к иррациональным поступкам.

Водолей: Бунтарский и свободный знак, которому нисколько не важно, какое мнение о нем сложится. Он ведет себя капризно, с безумными взглядами, ломающими парадигмы.

Стрелец: Он весел, но жесток в своем стремлении к действию. Они не умеют соизмерять последствия своих действий, что многие считают безумием. Не странно видеть их совершенно необузданными, переходящими границы безответственности.

Весы: они жаждут счастья и гармонии, и чтобы получить их, готовы пойти на любые безумства.

Они нестабильны, и это заставляет их нарушать взятые на себя обязательства, что многие считают безумием.

__Дева:__ они впадают в крайности и становятся навязчивыми. Их представление о том, чего они хотят, написано на камне, никто не может дать им совет, они не дают себя направлять. Когда их не слушают, они совершают различные глупости.

__Телец:__ когда в их голове появляется идея, никто не в силах ее прогнать, они даже совершают безумные поступки, чтобы подтвердить свою гипотезу. Попытайтесь оценить их терпение, и вы узнаете, насколько далеко заходит уровень их безумия.

__Козерог: Он__ абсолютно ничего не забывает, не прощает и тем более не забывает, если вы сделали что-то не так, не волнуйтесь, потому что он будет напоминать вам всю жизнь, чтобы свести вас с ума. Козерог безумно одержим идеей контроля.

Психология, лежащая в основе лотереи.

Лотерейные игры пользуются огромной популярностью во всем мире.

У каждого из нас есть несбыточная мечта - выиграть в лотерею, ведь иллюзия того, что по счастливой случайности, даже если шансы минимальны, можно стать миллионером, является основной причиной, по которой люди играют в лотерею.

Игроки считают, что стоимость лотерейного билета по отношению к прибыли, которую они получат в случае выигрыша, ничтожно мала. Мы всегда воспринимаем риск эмоционально, и если он приносит нам удовольствие, то мы склонны считать риск незначительным и нейтрализовать эмоцию опасности, сосредоточившись только на выгоде.

Игроки рассматривают лотерею как уникальную возможность получить вознаграждение, вложив небольшие деньги и практически не подвергаясь риску.

Игры имеют как традиционные, так и суеверные аспекты. Некоторые люди всегда играют в одни и те же числа, потому что они их любимые, связывают их со знаменательной датой или они им приснились.

Другие играют в определенное время, день или место. Когда мы думаем, что контролируем ситуацию, мы чувствуем себя уверенно, потому что, когда мы сами выбираем числа, а не играем наугад, хотя шансы оказаться правым одинаковы, у нас создается впечатление, что мы управляем судьбой, и шансы складываются в нашу пользу.

Есть люди, которые играют только ради удовольствия, в таких случаях лотерея выходит за рамки экономических затрат, превращаясь в развлечение, которое оживляется, когда они прикидывают, что можно сделать на приобретенные деньги.

Существует пять психологических описаний отдельных игроков в лотерею:

Авантюрист, которого завораживают игры с большими суммами денег, спекуляции со случайными числами и с запланированными.

Конкурент, который настойчиво стремится показать себя через азартные игры, что он ставит на победу.

Жадный, не имеющий границ в азартных играх и не боящийся рисковать при ставках.

Тактик, никогда не играя рискованно, ищет тактику, стратегию и числовые наборы при игре с числами.

Суеверный человек, который всегда играет одни и те же комбинации чисел, использует талисманы, ритуалы или покупает билеты на определенную дату и в определенном месте.

Существует ли хитрость или формула выигрыша в лотерею?

Этот вопрос до сих пор остается без ответа. Многие предполагают и утверждают, что вероятность того, что вас ударит молния, выше, чем вероятность выиграть в лотерею. Другие же с большим упорством и тонкостью изучают шансы.

Игра в лотерею, да и любая другая азартная игра, если она ведется в меру, — это дешевый способ приобрести иллюзии и уверенность в завтрашнем дне. Сложность возникает тогда, когда человек не контролирует свои порывы к игре, порождая зависимость от азартных игр и впадая в компульсивный гэмблинг.

Игровой наркоман — это человек, которому азартные игры доставляют большие трудности на работе и в семейных отношениях, поскольку проигрыши побуждают его играть на более крупные суммы с целью вернуть потерянные деньги. Это становится замкнутым кругом, и единственным способом его разрешения является психотерапевтическое лечение.

Лучшие подарки для знаков зодиака

Подарок — это универсальный способ показать, что мы заботимся о человеке и ценим его, но покупка подарка может стать сложной задачей, а для некоторых - настоящей головной болью.

Планеты могут помочь вам один раз, зная знак зодиака человека, вы сможете сделать идеальный подарок.

Огненные знаки: **Овну, Льву и Стрельцу** нравятся подарки, которые заставляют их чувствовать свою значимость, связанные со спортом, путешествиями, техникой.

Этим знакам понравится профессиональный цифровой фотоаппарат, последняя модель iPhone, билет на самолет с включенным отелем в экзотическое туристическое место или с историческим прошлым, деловая литература, спортивная одежда или тренажеры, лотерейные билеты, бутылки изысканного вина и эксклюзивная брендовая обувь.

_Тельцы, Девы и Козероги__, принадлежащие к стихии Земли, иногда бывают традиционны, но это не значит, что им не нравятся подарки от признанных брендов._

Их порадует картина известного художника, ремень или портфель для хранения рабочих бумаг, бумажник с их инициалами, фирменная парфюмерия, массаж или процедуры для тела, домашнее животное, халаты, уютные пижамы или даже аром диффузоры.

Воздушные знаки: **_Близнецы, Весы и Водолей_** _-_ _не материалисты, и функциональность подарка для них гораздо важнее цены. Их воображение богато, и все, что стимулирует эту способность, им нравится._

Сотовый телефон, компьютер или IPad, книги по личностному росту, духовности, философии и альтернативным методам лечения, курсы самопомощи и расширения экономических возможностей, телескоп, билеты в оперу или театр, животное, которое не нужно держать в клетке, кварц, эфирные масла, благовония и одеколон после ванны будут высоко оценены этими знаками.

Рак, Скорпион и Рыбы, *водные знаки, будут в восторге от персонализированных подарков. Посуда для приготовления пищи, романтический ужин на пляже под луной, расслабляющий массаж в спа-салоне, смелое нижнее белье, тапочки или удобный диван для просмотра телевизора, бутылка шампанского, ароматические свечи, амулеты, книги по астрологии, набор карт Таро, лосьоны, духи и косметические принадлежности, вино, печенье, консервы и всевозможные деликатесы - вот список подарков, которые эти знаки примут с большим удовольствием.*

Дарить подарки — это благословение, это жест щедрости; дарение подарков — это символический акт, который представляет собой комплимент, внимание к тому, кого мы хотим порадовать, и символизирует привязанность, которую мы исповедуем.

Когда мы дарим подарки, отношения улучшаются и укрепляются, появляется радость.

Знаки зодиака и их страхи.

Двенадцать знаков Зодиака символизируют двенадцать основных архетипов человеческой личности, но в то же время они являются психологическими прототипами, поэтому каждый из знаков Зодиака обладает специфическим и личностным страхом.

Давайте вспомним, что страх — это важнейший механизм тревоги и защиты человека. Он становится проблемой только тогда, когда становится чрезмерным.

*Страхи — это неуверенность в себе, и иногда мы проецируем их на противоположные действия, как в случае со знаком **Овна, который** известен своей железной волей, ничто и никто его не парализует. Они любят все контролировать, а их самый укоренившийся страх - потерпеть неудачу или попросить о помощи, поскольку для них это синоним слабости.*

***Телец** - самый упрямый из земных знаков. Их пугают перемены, а также нехватка денег, они всю жизнь копят, потому что их пугает бедность.*

Близнецы, коммуникаторы Зодиака, немного тревожны и неуверенны в себе, они стараются привлечь к себе внимание, потому что боятся выглядеть скучными. Законные дети Луны, Раки любят свою зону безопасности, потому что там их никто не может обидеть, они боятся одиночества и отверженности.

Лев, король зодиака, лидеры и храбрецы, не рождены для того, чтобы проигрывать. Их самый укоренившийся страх - остаться незамеченными; они предпочитают, чтобы о них говорили плохо, но не игнорировали.

Специалист по аккуратности **Дева** иногда становится навязчивым в вопросах здоровья, поэтому они ипохондрики. Их главный страх - заболеть, но больше всего их пугает неорганизованность.

 Исключительно интеллектуальные **Весы** нерешительны, и в этом кроется их главный страх - принимать решения. Другой их страх - одиночество.

*Загадочные и обольстительные **Скорпионы** обладают памятью слона, они боятся предательства и, если вы сделаете что-то, что им не понравится, они будут скрывать это от вас вечно. Никогда не храните секреты от Скорпиона.*

*Авантюрист по знаку зодиака, **Стрелец** боится обязательств, потому что их требования ужасают. Они очень веселы, но за улыбкой скрывается страх быть обманутым.*

*Требовательные до крайности, **Козероги** никогда не отступают от своих целей; их главный страх - совершить ошибку, особенно на профессиональном уровне. Они самоотверженны и боятся не достичь своей мечты.*

*Бунтари и **утописты-Водолеи** боятся потерять свободу, это означало бы утрату собственной сущности. У них всегда много дружеских связей, но ни одна из них не связывает их. Они нуждаются в группе, но не хотят, чтобы группа нуждалась в них.*

*Мир - синоним **Рыб**, они ненавидят конфронтацию. Сострадательные до глубины* *души, они боятся видеть, как страдают другие. Они немного неуверенны в себе, испытывают страх сцены и боятся отказа.*

В некоторых старых книгах по астрологии Сатурн отвечает за страх в натальной карте, я же считаю, что для возникновения страха необходимо проявление союза нескольких планет с соответствующими энергиями.

То есть страхи представлены несколькими планетами, связанными аспектами, нет конкретной планеты, которая обязательно связана с развитием того или иного вида страха.

Луна в Скорпионе

Люди с Луной в знаке Скорпиона создают глубокую связь с эмоциональным ущербом, поскольку им чрезвычайно трудно залечить старые раны. Их эго склонно отвлекаться на эти старые раны и держать их открытыми в своем сознании.

Если Ваша Луна находится в Скорпионе, то Вы склонны испытывать сильные и глубокие эмоции, и Вам будет трудно чувствовать себя в безопасности.

Одна из вещей, способствующих тому, что Лун чувствует себя в безопасности, — это когда другие могут понять его эмоции, не сообщая о них напрямую.

Эти люди склонны к собственническому отношению к своим друзьям и близким. Они постоянно боятся предательства, так как обладают способностью заглядывать в душу и видеть недостатки других людей.

Они склонны манипулировать, когда чувствуют подозрения, что может быть утомительным для близких людей.

Они обидчивы, с трудом прощают, и из-за этого иногда живут с обидой, чувством вины и желанием отомстить.

Значение знака Асцендент

Знак Солнца оказывает большое влияние на то, кто мы есть, но Асцендент — это то, что действительно определяет нас, и это даже может быть причиной того, что вы не идентифицируете себя с некоторыми чертами вашего знака Зодиака.

Действительно, энергия, которую дает вам ваш солнечный знак, заставляет вас чувствовать себя не так, как все остальные люди, поэтому, когда вы читаете свой гороскоп, вы иногда чувствуете себя идентифицированным и придаете смысл некоторым предсказаниям, и это происходит потому, что он помогает вам понять, что вы можете чувствовать и что с вами произойдет, но он показывает вам только процент того, что может быть на самом деле.

Асцендент отличается от знака Солнца тем, что он отражает то, кем мы являемся поверхностно, то есть то, как другие видят вас или энергию, которую вы передаете людям, и это настолько реально, что вы можете встретить человека и, предсказав его знак, обнаружить его знак Асцендент, а не знак Солнца.

В общем, те характеристики, которые вы видите в человеке при первой встрече, — это

Асцендент, но поскольку на нашу жизнь влияет то, как мы относимся к другим людям, Асцендент оказывает большое влияние на нашу повседневную жизнь.

Объяснить, как вычисляется или определяется знак Асцендент, достаточно сложно, поскольку он определяется не положением планеты, а знаком, восходящим на восточном горизонте в момент вашего рождения, в отличие от вашего солнечного знака, который зависит от точного времени вашего рождения.

Благодаря технологиям и Вселенной сегодня узнать эту информацию проще, чем когда-либо, конечно, если вы знаете время своего рождения, или если вы имеете представление о времени, но запас не превышает нескольких часов, потому что существует множество сайтов, которые производят расчеты путем ввода данных, astro.com - один из них, но их бесконечное множество.

Таким образом, читая свой гороскоп, вы можете также прочитать свой Асцендент и узнать больше индивидуальных деталей, и вы увидите, что с этого момента ваш способ чтения гороскопа изменится, и вы узнаете, почему этот Стрелец такой скромный и пессимистичный, если на самом деле он такой преувеличенный и оптимистичный, и это, возможно, потому, что у него Асцендент Козерога, или потому, что этот коллега Скорпион всегда говорит обо всем, без сомнения, у него Асцендент Близнецов.

Я собираюсь обобщить характеристики различных Асцендентом, но это также очень общее описание, поскольку эти характеристики изменяются планетами в соединении с Асцендентом, планетами, аспектирующими Асцендент, и положением планеты-управителя знака в Асцендент.

Например, человек с Асцендентом Овна, у которого управляющая планета Марс находится в Стрельце, будет реагировать на окружающую среду несколько иначе, чем другой человек, также с Асцендентом Овна, но у которого Марс находится в Скорпионе.

Точно так же человек с Асцендентом Рыб, имеющий конъюнкцию Сатурна, будет "вести себя" иначе, чем человек с Асцендентом Рыб, не имеющий этого аспекта.

Все эти факторы изменяют Асцендент, астрология чрезмерно усложняется, гороскопы не читаются и не составляются с помощью карт Таро, поскольку астрология — это не только искусство, но и наука.

Часто можно спутать эти две практики, и это связано с тем, что, хотя это два разных понятия, они имеют некоторые общие моменты. Одним из таких общих моментов является их происхождение, которое заключается в том, что обе процедуры известны с древнейших времен.

Они также схожи по используемым символам, так как в обоих случаях речь идет о неоднозначных символах, которые необходимо интерпретировать, что требует специального чтения и обучения, чтобы знать, как интерпретировать эти символы.

Различий тысячи, но одно из главных состоит в том, что если в Таро символы совершенно понятны на первый взгляд, являясь образными картами, хотя и необходимо знать, как их хорошо интерпретировать, то в астрологии мы наблюдаем абстрактную систему, которую необходимо знать прежде, чем интерпретировать, и, конечно, надо сказать, что, хотя мы и можем распознать карты Таро, любой человек не может их правильно интерпретировать.

Толкование также является отличием этих двух дисциплин, поскольку если в таро нет точной привязки ко времени, так как карты располагаются во времени только благодаря вопросам, задаваемым в соответствующем раскладе, то в астрологии есть привязка к конкретному положению планет в истории, и системы толкования, используемые в обеих дисциплинах, диаметрально противоположны.

Астрологическая карта — это основа астрологии и самый важный аспект для составления прогноза. Чтобы чтение было успешным и позволило узнать больше о человеке, астрологическая карта должна быть идеально проработана.

Для составления карты рождения необходимо знать все данные о рождении человека, о котором идет речь.

 Он должен быть точно известен, начиная с точного времени доставки и заканчивая местом, где это было сделано.

 Положение планет в момент рождения покажет астрологу те точки, которые необходимы ему для составления карты рождения.

Астрология — это не только знание своего будущего, но и знание важных моментов своего существования, как настоящего, так и прошлого, чтобы принимать более правильные решения для определения своего будущего.

Астрология поможет вам лучше узнать себя, чтобы изменить то, что мешает вам, или усилить свои качества.

И если астрологическая карта является основой астрологии, то гадание на таро является основополагающим в последней дисциплине. Как и от того, кто составляет астрологическую карту, от провидца, который составляет расклад Таро, зависит успех вашего чтения, поэтому лучше всего обратиться к рекомендованным гадателям, и хотя, конечно, вы не сможете ответить конкретно на все вопросы, которые задаете себе в жизни, правильное чтение расклада Таро и карт, которые выходят в раскладе, поможет сориентироваться в решениях, которые вы принимаете в своей жизни.

Таким образом, и астрология, и таро используют символизм, но главный вопрос заключается в том, как весь этот символизм интерпретируется.

человек, действительно владеющий обеими техниками, несомненно, окажет огромную помощь тем, кто обратится к нему за советом.

Многие астрологи совмещают обе дисциплины, и регулярная практика показала мне, что обе они обычно очень хорошо сочетаются, обогащая все вопросы предсказания, но это не одно и то же, и нельзя составить гороскоп по картам Таро, как нельзя составить Таро по астрологической карте.

Асцендент в Скорпионе

Люди с Асцендентом в Скорпионе обладают аурой таинственности. Это люди, которые любят познавать себя и не любят раскрывать свои тайны другим. Они любят задавать вопросы обо всем, что с ними происходит, и искать причины происходящего.

Это стремление знать все может привести к тому, что они станут поддаваться навязчивой идее контроля и власти.

Если эти люди увлекутся темной стороной этого Асцендент, то в итоге будут стремиться к контролю и манипулированию остальными людьми. Они также злопамятны, если их побеспокоить, они будут стремиться отомстить, даже если это будет последнее, что они сделают.

С другой стороны, они, как правило, очень верные люди, и вам не стоит беспокоиться об этом, если вы их не предадите. Учитывая эти особенности, они ищут стабильных спутников жизни, которые обеспечивают им безопасность. Того, кому они могут слепо доверять.

Овен - Асцендент Скорпион

Овны с Асцендентом Скорпиона удивительно эффективны во всем, что они задумали. Инициативность Овна подкрепляется характером Скорпиона - вникать во все, чтобы браться за новые дела.

Если то, что они делают, является сложным, но стимулирующим, они склонны бороться до тех пор, пока не достигнут цели, и этот процесс борьбы и преодоления служит их личностному развитию.

На работе они достигают тех профессиональных целей, которые ставят перед собой. Они могут занимать руководящие должности.

В отношениях они холодны и труднодоступны, но ничто не может быть дальше от истины, в глубине души они очень увлечены. Если они влюбляются, то полностью отдаются отношениям.

Телец - Асцендент Скорпиона

Телец-Асцендент-Скорпион - уравновешенное сочетание. Это уважительные люди, а в работе - настойчивые и боевые.

Это самое магнетическое сочетание Зодиака, когда они отдают себя с полной убежденностью, и нет места для поверхностных отношений.

Иногда, если они впадают в крайности, то могут оказаться в токсичных отношениях. Они склонны к токсичности и собственничеству.

Близнецы - Асцендент Скорпиона

Близнецы с Асцендентом Скорпиона экстравертны, наблюдательны и дотошны.

Когда они ищут партнера, им не нравится давать понять другому человеку, что он им интересуется. Они предпочитают облечься в ледяной панцирь и скрыть свои чувства. Однако если они влюблены, то будут пытаться завоевать этого человека любыми способами.

Они умеют скрывать свои истинные намерения, что может сделать их лживыми людьми и что, в конечном счете, ими движет чистый интерес. Если им нужно кем-то манипулировать, они без проблем это делают.

Эти люди умны и упорны в достижении своих целей.

Рак - Асцендент Скорпиона

Рак-Асцендент-Скорпион-Асцендент обладает эмоциональной глубиной и острой чувствительностью. Этому сочетанию водной стихии присуща уникальная эмоциональная интенсивность. Переживая эмоции с такой интенсивностью, эти люди проявляют большую страстность, что находит отражение в их личности.

Эти люди обладают исключительным защитным инстинктом, они склонны опекать и защищать тех, кто им дорог. Однако они сдержанны, особенно в новых ситуациях, и очень заботятся о своей личной жизни.

Они известны своей решительностью и настойчивостью, становятся несгибаемыми. Когда они ставят перед собой цель, их упорство заставляет их настойчиво добиваться ее достижения, и это находит отражение на рабочем месте.

Эта комбинация обладает невероятным потенциалом для трансформации и личностного роста.

Лев - Асцендент Скорпион

Лев с Асцендентом Скорпиона - привлекательные люди, отличающиеся интенсивностью действий. Их натура ненасытна, и они всегда будут стремиться к власти и престижу, так как это для них очень важно.

Они будут стремиться к профессиям, которые принесут им признание и успех. Обычно они выделяются способностью быть лидерами и большой ответственностью.

В отношениях они обладают сильным и высокомерным характером, и это делает их привлекательными для многих других людей.

Дева - Асцендент Скорпиона

Девы с Асцендентом Скорпиона - люди умственные. Они хорошо знают, как подходить к решению тех или иных вопросов, поскольку аналитические способности Девы сочетаются с интуицией Скорпиона.

Они прекрасно справляются с работой, связанной с консультированием, наблюдением или применением сложных стратегий.

В эмоциональной сфере они противоречивы, поскольку являются чрезвычайно рациональными людьми, но их страсть огромна. Они могут находиться в постоянной борьбе между разумом и эмоциями. Тем не менее, как правило, они очень высоко ценят стабильные отношения.

Весы - Асцендент Скорпион

Весы с Асцендентом в Скорпионе - противоречивые и сдержанные люди. Эти люди являются прекрасными посредниками.

В профессиональной сфере они любят разбираться и обсуждать различные точки зрения, которые могут быть представлены.

В отношениях они склонны быть очень напряженными людьми, где баланс может быть нарушен. В этом случае возможно, что они мечтают об отношениях, но они сводятся к нулю. Они также могут вступать в отношения с людьми, которые им не подходят, увлекаясь страстями.

Скорпион - Асцендент Скорпиона

Это сочетание усиливает типичные характеристики Скорпиона. Они загадочны и их трудно понять, поскольку они очень сдержанны.

Они успешно справляются с профессиями, требующими героических усилий, поскольку способны без проблем их прилагать.

В любви они чрезвычайно увлечены. Страсти для них — это все, и им нужны отношения, соответствующие их уровню.

Если все их характеристики усилены, то они могут быть чрезмерно ревнивыми, собственническими и властными. Нужно быть невероятно осторожным, чтобы не предать их, потому что месть их ужасна.

Стрелец - Асцендент Скорпион

Стрельцы с Асцендентом в Скорпионе — это люди, обладающие большой внутренней силой. Они добиваются всего, что задумали, и имеют хороший нюх на все.

На работе они любят решать новые задачи и подвергать себя испытаниям. Им нравится добиваться успеха и бороться за него.

В отношениях они отдают всего себя и материализуют часть своей любви, осыпая партнера подарками.

Иногда они бывают материалистичны.

Козерог - Асцендент Скорпиона

Козероги с Асцендентом Скорпиона обладают большой проницательностью, что позволяет им хорошо понимать, что их окружает и как все устроено. Они строги со всеми и склонны иметь убедительное мнение.

На работе они решительны, идеальны для руководящих должностей.

В сентиментальных отношениях они очень требовательны к тому, что ищут, и с ними легко ужиться.

Иногда они имеют плохой характер и нетерпимы к окружающим.

Водолей - Асцендент Скорпиона

Водолеи с Асцендентом Скорпиона - харизматичные и в то же время непростые люди.

На работе они выделяются своей оригинальностью и тем, что стремятся выполнить все, что задумали.

В любви они ищут того, кто приносит им позитив, и не покажут своего истинного лица, пока не сочтут этого человека достойным доверия.

Они с трудом прощают людей и хранят обиду годами.

Рыбы - Асцендент Скорпиона

Асцендент Рыб - Скорпион — это люди, имеющие прекрасные отношения с оккультным миром. Это загадочные люди, очень интуитивные и увлекающиеся.

В любовных отношениях они представляют собой американские горки эмоций: один день все хорошо, а на следующий день - хаос. У них холодный характер, но происходит так, что они держат свои эмоции в бутылке до тех пор, пока не почувствуют, что готовы их проявить.

Иногда это могут быть люди, манипулирующие всеми в своих интересах.

Сатурн в Рыбах - одно из важнейших астрологических событий.

7 марта 2023 года стало одним из самых важных дней в астрологическом календаре этого года. Сатурн, суровый учитель и повелитель кармы, вступил в противоборство с Рыбами, мечтателями. Нынешний транзит Сатурна по знаку Рыб, который продлится до февраля 2026 года, оказался не самым приятным.

Сатурн - планета ответственности и строгой власти, дисциплинирующая и структурирующая нас во время своих транзитов по знакам Зодиака. Сатурн хочет убедиться в том, что мы достигаем своих целей, и когда эта планета проходит через Рыб, самый духовный знак, на нашем пути появятся важные предложения. Плутон и Сатурн, двигаясь в унисон, вызовут гигантский энергетический вулкан и гарантированно станут незабываемым периодом. Это может показаться формулой битвы, но такое энергетическое сочетание может быть эффективным и выгодным.

Сатурн в Рыбах не удовлетворен. Ему трудно создавать структуры и строить реальность, когда все смещается. Рыбы - двойственный знак, поэтому он может выражать себя противоположными способами; он может быть как трансцендентным, так и практичным. Есть вероятность, что Сатурн в Рыбах указывает на строительство форм над или под водой, или на господство над водой, например, трубопроводов, акведуков, портов. Но он также может указывать на разрушение этих сооружений из-за ураганов или хрупкости конструкции.

Архетип Рыб противоречит Сатурну. Он олицетворяет утопию, творчество, духовность и эзотерику, а также мечты, иллюзии, ложь и эскапизм. Он символизирует стремление течь подобно морю, разрушая границы и ограничения.

Последний транзит Сатурна в Рыбах проходил с мая 1993 года по апрель 1996 года. На этом этапе проявились результаты распада Советского Союза в 1989 году, который вызвал последствия во всем мире и разрушил российскую экономику. В 1994 году Россия начала первую чеченскую войну, которая продолжалась до 1996 года. В мае 1993 года в Гааге был создан Международный уголовный трибунал по бывшей Югославии для преследования военных преступлений, совершенных во время югославской войны в начале 1990-х годов. С другой стороны, боснийская война между хорватами, боснийцами и сербами сопровождалась жестокостями и этническими чистками, а также различными казнями. Война закончилась в 1995 году, и большинство командиров боснийских сербов были обвинены в геноциде и преступлениях против человечности. В 1994 году начался геноцид в Руанде, когда банды хату убили более 700 тыс. тутси, а в ходе резни, которая наконец-то закончилась в июле, было изнасиловано несметное количество женщин. Кризис разоружения Ирака после окончания первой войны в Персидском заливе был в самом разгаре, было много шума и не было доверия между участниками. В Швейцарии секта под названием "Орден Солнечного Храма" совершила ряд преступлений и массовых самоубийств, а в США Тимоти Маквей убил 168 человек во время взрыва в Оклахома-Сити. Именно во время транзита Сатурна по Рыбам Од. Симпсон был арестован за убийство своей бывшей жены и бойфренда и освобожден после длительного судебного разбирательства, ставшего настоящим зрелищем в голливудском стиле. В Лондоне Фред Уэст и его жена Роуз были заключены в тюрьму после того, как на заднем дворе их дома были обнаружены тела многочисленных жертв убийств. В ЮАР прошли первые многорасовые выборы, президентом страны был избран Нельсон Мандела, который впоследствии отменил смертную казнь в этой стране. Россия и Китай подписали соглашение о прекращении провоцирования друг друга своими ядерными устройствами, а Договор о нераспространении ядерного оружия был бесконечно усилен 170 странами. В Австралии была достигнута договоренность о выплате компенсации коренному населению, выселенному во время ядерных испытаний в 1950-1960-е годы.

Среди других событий во время транзита Сатурна в Рыбах - религиозные течения, идеологические движения, такие как социализм и левизна, передача болезней и инфекций, деструктивное поведение, вызванное паникой, рост употребления наркотиков и развитие всех видов искусства, а также средств морского транспорта.

Сатурн в Рыбах будет следить за тем, чтобы мы не могли использовать духовность или страх, чтобы избежать определенных конфликтов, с которыми нам придется столкнуться. Мы можем медитировать, уехать на сто лет в Тибет, использовать самые мощные мантры во Вселенной, но в какой-то момент мы должны действовать.

В последние несколько лет, когда Сатурн проходил транзит по Водолею, возникла необходимость сосредоточиться на индивидуальности и быть более искренними, а не терпеть принуждение со стороны окружающих. Хотя Водолей - знак, известный тем, что танцует под свою дудку, Сатурн, связанный с *ограничениями, побуждает нас остаться наедине с собой (вспомните ограничения во время пандемии) и посмотреть, куда мы можем поместить себя, чтобы создать здоровые границы.*

Все эти уроки подготовили нас к тому, что нас ожидает с Сатурном в Рыбах. Мы начнем более осмысленно подходить к вопросу о том, как привнести духовность в нашу повседневную жизнь, сохраняя при этом понимание того, как следует себя структурировать. Многие люди откажутся от религий и догм или поставят их под сомнение.

Конечно, есть много тех, кому этот период не понравится, среди них - религиоведы и те, кто пропагандирует теории заговора. Мы увидим конфликты между людьми, исповедующими разные религии, и множество тенденций, направленных на то, чтобы доминировать над тем, во что верят другие. Мы должны принять тот факт, что, если другие не согласны с нашими убеждениями, это не значит, что они не правы. Это просто указывает на то, что их взгляды отличаются, ведь в итоге Рыбы выступают за всеохватность. То, чего нам не хватает.

Поскольку Рыбы и Нептун управляют бизнесом развлечений, крупные студии и звукозаписывающие компании закроются, и многие артисты, имевшие отношение к этим студиям, решат создать свои собственные. Если Вы являетесь художником, то в Ваших интересах использовать свой труд с пользой для себя, а не позволять крупным компаниям, находящимся на вершине, наслаждаться дивидендами.

Снизится интерес к спецэффектам и усилится ориентация на самодостаточные фильмы и темы, отражающие повседневность. Мы будем ценить окружающую нас красоту и меньше ориентироваться на гламур.

Карма часто воспринимается нами как нечто злое, однако, если вы вели себя хорошо, то не так уж плохо пожинаете то, что посеяли. Работа с кармическим и подсознательным багажом, осознание прошлого и готовность его отпустить — вот что является решающим фактором для управления этим транзитом и успешного выхода из него. Если вы уклонитесь от этого, Сатурн накажет вас, но если вы примете его, то придете в место, которое предопределено для чего-то великого.

Положение Сатурна в нашей натальной карте указывает на то, где мы вынуждены взять под контроль реальность и принять на себя большую ответственность. Рыбы - последний знак Зодиака, поэтому движение Сатурна здесь также указывает на завершение или точку окончания гораздо более масштабного цикла.

Рыбы - водный знак, олицетворяющий свет, тьму и невидимые миры. Он известен своими абстрактными идеями и творчеством. Рыбы - мотобольный знак, что означает, что он адаптируется и открыт для энергий окружающего мира. Сатурн - очень твердая энергия. Он управляет законом, ответственностью и ограничениями, и его энергия иногда может быть похожа на сигнал тревоги, возвращающий нас к реальности, и заставляющий столкнуться с последствиями своих действий.

Присутствие Сатурна в Рыбах может показаться несколько тяжелым из-за всего этого, так как обычно водная, интуитивная и чувствительная энергия Рыб будет вынуждена стать более сдержанной.

Чтобы лучше понять это, можно рассуждать так: если Рыбы — это плавно текущая вода, то присутствие Сатурна будет создавать плотины, и эти плотины могут направлять воду в продуктивное и полезное русло, но могут также ощущаться как угнетающие или контролирующие. Однако существует способ создать баланс между этими двумя энергиями, поскольку творческие, неосязаемые и внешние *идеи, свойственные энергии Рыб, могут укорениться благодаря Сатурну.*

Сатурн обладает практической энергией, поэтому, если соединить его с творческим потенциалом Рыб, можно достичь баланса, который поможет нам воплотить наши творческие идеи в жизнь или даже превратить их в бизнес.

Рыбы также связаны с религией и духовностью, поэтому под влиянием Сатурна может возникнуть множество вопросов о религии и духовности и о том, как они связаны с правилами, управляющими обществом; духовная индустрия также может получить импульс к развитию под влиянием этой энергии, или на личном уровне изменится Ваше собственное отношение и убеждения относительно Ваших духовных или религиозных связей.

На самом деле Сатурн хочет, чтобы мы сделали шаг вперед, взяли на себя ответственность за свою жизнь и действовали в соответствии со своим подлинным "я". Сатурн может наложить ограничения, которые заставят нас почувствовать себя в ловушке или зажатыми, но это только для того, чтобы мы могли найти время для того, чтобы понять, чего мы действительно хотим и ради чего мы готовы стоять.

Ниже вы можете прочитать обобщенную информацию о том, что принесет транзит Сатурна в Рыбах для каждого знака Зодиака. Если Вы хотите получить больше пользы от этой информации, я рекомендую Вам прочитать ту, которая предназначена для Вашего знака Асцендент, если он Вам известен, а затем смешать интерпретации.

Другой способ получить дополнительную информацию об этом мощном планетарном транзите - вспомнить темы, которые развивались в вашей жизни в последний раз, когда Сатурн находился в Рыбах, то есть с 1994 по 1996 год, чтобы получить дополнительную информацию о том, что может принести вам этот цикл.

Как это отразится на знаке Скорпиона?

Сатурн в Рыбах вливает свою энергию в Вашу сердечную чакру, направляя Вас к перестройке Ваших представлений о любви и о том, что она для Вас значит. Под влиянием этой энергии вы пройдете через глубокое и очень личное пробуждение сердца, которое позволит вам по-новому соединиться с любовью.

Вы можете встретить человека, который вызовет в вас эти перемены. Этот человек может быть всем, о чем мечтало ваше сердце, или он может быть всем, что вы думали, что хотите, но теперь вы понимаете, что хотите чего-то другого.

В конце этого транзита вы выйдете на другую сторону, более четко и ясно представляя себе, чего вы хотите, когда речь идет о ваших отношениях, о том, как дарить и получать любовь в вашей жизни.

Вы можете обнаружить, что ваше сердце более открыто для любви и готово принять ее с распростертыми объятиями, или же вы можете обнаружить, что наконец-то соединились с тем видом любви, который кажется вам подходящим.

Хотя это любовное путешествие может быть связано с романтическими отношениями, оно также может быть связано с детьми и любовью, которую вы испытываете, работая над своими творческими увлечениями.

Рыбы — это очень творческая энергия, а с приходом Сатурна эта творческая энергия получает сильное присутствие, что позволяет ей лучше проникать в нашу реальность. Вы находитесь в привилегированном положении, чтобы принять эту энергию и работать с ней в своей жизни. Так, если у вас есть творческий проект или проект, который вы хотели бы осуществить, Сатурн в Рыбах поможет вам создать его, проявить и воплотить в жизнь. Это фантастическая энергия для создания творческого или даже духовного бизнеса. Если же вы хотели работать консультантом по вопросам взаимоотношений, то эта энергия окажет вам фантастическую поддержку.

Работа над своим сердцем может оказаться непростой задачей, ведь любовь — это глубоко личный вопрос для многих из нас. Любовь лежит в основе всего, поэтому, что бы ни происходило с вами в ближайшие годы, любовь, скорее всего, будет прятаться где-то в корнях.

Это может быть потребность больше любить себя или раскрыть свои объятия, чтобы принять любовь, которая вас окружает. Это также может быть полная переработка того, что вы считали любовью, но теперь вы понимаете, что это просто ваши боли или травмы.

Любовь может быть непростой задачей, поэтому Сатурн в Рыбах может задеть Ваши сердечные струны и даже запутать ситуацию. Вы можете чувствовать себя скованно, когда нужно понять, как выразить себя и подарить свою любовь другим, а также ощущать себя немного нелюбимым в этом процессе. Но у Сатурна всегда есть план.

Хотя это легко сказать, доверяйте урокам, которые разворачиваются, и обращайте особое внимание на тех, кто появляется в вашей жизни в этот период, особенно если это романтические связи. Они являются для вас учителями, посланными, чтобы помочь вам открыть свое сердце. Сатурн порой действует неисповедимыми путями, но хочет, чтобы мы сами разобрались в том, что нам нужно и чего мы хотим от жизни.

Он хочет, чтобы мы осознали, за что стоит бороться и за что мы хотим взять на себя ответственность. Сатурн может принести тяжелые уроки, как пробуждение, когда мы понимаем, что дальше так продолжаться не может.

Сатурн — это жесткая любовь. Но когда мы пройдем через его энергию и станем более спокойно относиться к происходящему, мы сможем начать получать кармические подарки.

С Сатурном в Рыбах ваш кармический дар — это лучшее, что есть в мире, чтобы познать любовь, узнать, что такое глубокая любовь, и почувствовать непоколебимую любовь к себе.

Любовь к себе также является важной частью этого транзита, и это прекрасное напоминание, к которому можно вернуться. Что бы ни происходило, через какие бы трудности вы ни проходили, спросите себя: как я могу любить себя больше? Как я могу проявить любовь к себе в этом путешествии?

Пробужденное сердце иногда нуждается в разрыве, но это всего лишь открытие. С открытым сердцем вы можете расширить его до новых измерений, узнать о себе что-то новое и соединиться с любовью, которой вы на самом деле являетесь.

Духовная любовь также является частью этого уравнения. Мы все есть любовь, и мы возвращаемся к любви — это духовная истина, которую легко сказать и очень трудно почувствовать. Осознание этой любви внутри себя будет ценным инструментом в этом путешествии.

Любовь к себе — это постоянное путешествие, и иногда любить себя легко, а иногда не очень. В течение следующих нескольких лет вы будете испытывать трудности, когда речь пойдет о том, чего вы хотите от своих отношений, но вы выйдете на другую сторону более чистыми и более согласованными с тем, кто вы есть, и с любовью, которую вы заслуживаете давать и получать.

Эта энергия также очень творческая, поэтому смело направляйте ее на свои хобби и творческие увлечения. Приносите свою любовь в мир через свои произведения искусства, поскольку это также является мощным способом работы с этой энергией.

Сатурн в Рыбах также напомнит Вам о необходимости быть практичным, особенно когда речь идет о делах сердечных. Составление списка, организация и практический подход будут благоприятствовать этому.

Как водный знак, вы очень привязаны к своим эмоциям, но Сатурн в Рыбах попросит вас немного сфокусировать свою энергию и применить более практичный и логичный подход. Иногда простой ответ — это лучший ответ. Иногда мы можем видеть вещи в черно-белом цвете, и именно к этому нас побуждает энергия Сатурна в Рыбах.

Если смотреть на вещи с более практической и логической точки зрения, то под воздействием этой энергии Вы можете почувствовать себя более управляемым и направленным. Когда Вы не уверены в том, что делать, Вам могут помочь небольшие шаги.

Сатурн очень методичен в своем подходе, поэтому, разбив все на небольшие, управляемые шаги, Вы добьетесь гораздо большего прогресса, чем пытаясь делать гигантские скачки или предчувствуя то, что может быть впереди.

Просто делайте то, что можете, опираясь на имеющуюся у вас информацию. Делайте маленькие шаги вперед, и в конце концов вы окажетесь на верном пути.

Сатурн в Рыбах может быть немного затянутым, но какой невероятный дар он вам преподносит. Он предлагает открытость сердца и приближает вас к любви, которой вы являетесь. После того как Сатурн завершит свою работу, любовь станет для вас совсем другой. Любовь станет более реальной и доступной.

Библиография

Часть информации взята из книг, изданных авторами: Любовь для всех сердец, Деньги для всех карманов и Гороскоп на 2022 и 2024 годы.

Статьи, написанные в газете Nuevo Herald одним из авторов.

Об авторах

Помимо астрологических знаний, Алина Руби обладает богатым профессиональным образованием: она имеет сертификаты по психологии, гипнозу, Рейки, биоэнергетическому исцелению кристаллами, ангельскому целительству, толкованию снов, является духовным инструктором. Руби обладает знаниями в области геммологи, которые она использует для программирования камней или минералов и превращения их в мощные амулеты или талисманы защиты.

Руби обладает практичным и целеустремленным характером, что позволило ей иметь особое, интегративное видение нескольких миров, способствующее решению конкретных проблем. Алина пишет ежемесячные гороскопы для сайта Американской ассоциации астрологов; их можно прочитать на сайте www.astrologers.com. В настоящее время она ведет еженедельную колонку в газете El Nuevo Herald на духовные темы, которая выходит каждое воскресенье в цифровом виде и по понедельникам в печатном. Также ведет программу и еженедельный Гороскоп на YouTube-канале этой газеты. Ее астрологический ежегодник ежегодно публикуется в газете "Diario las Américas" под рубрикой Rubi Astrologa.

Руби является автором нескольких статей по астрологии для ежемесячного издания "Today's Astrologer", ведет занятия по астрологии, Таро, чтению по ладони, исцелению кристаллами и эзотерике. На своем канале в YouTube она еженедельно публикует видеоролики на эзотерические темы: Rubi Astrologa. Она вела собственное астрологическое шоу, которое ежедневно транслировалось на канале Flamingo T.V., давала интервью нескольким теле- и радиопрограммам, ежегодно выпускает "Астрологический ежегодник" с гороскопом по знакам и другими интересными мистическими темами.

Она является автором книг "Рис и бобы для души", часть I, II и III, сборника эзотерических статей, изданных на английском, испанском, французском, итальянском и португальском языках. Книги "Деньги для всех карманов", "Любовь для всех сердец", "Здоровье для всех тел", Астрологический ежегодник 2021, Гороскоп 2022, Ритуалы и заклинания для успеха в 2022 году,

Заклинания и секреты, Астрологические классы, Ритуалы и чары 2024 и Китайский гороскоп 2024 изданы на пяти языках: английском, итальянском, французском, японском и немецком.

Руби прекрасно владеет английским и испанским языками, сочетая в своих выступлениях все свои таланты и знания. В настоящее время она проживает в Майами, штат Флорида.

*Более подробную информацию можно получить на **сайте** www.esoterismomagia.com.*

Алина А. Руби - дочь Алины Руби. В настоящее время она изучает психологию в Международном университете Флориды.

С детства интересовалась всеми метафизическими и эзотерическими темами, с четырех лет занималась астрологией и каббалой. Обладает знаниями в области Таро, Рейки и геммологи. Она является не только автором, но и редактором, вместе со своей сестрой Анжелиной А. Руби, всех книг, изданных ею и ее матерью.

*За дополнительной информацией обращайтесь к ней по электронной почте: **rubiediciones29@gmail.com.***